Die europäische Dimension für Lehrer

Bericht von der zweiten Tagung zur
europäischen Dimension
in Unterricht und Erziehung

Herausgegeben von Bernd Janssen

EUROPA UNION VERLAG

Die Deutsche Bibliothek – CIP-Einheitsaufnahme

Die europäische Dimension für Lehrer : Bericht von der
zweiten Tagung zur europäischen Dimension in Unterricht
und Erziehung / hrsg. von Bernd Janssen. –
Bonn : Europa Union Verlag, 1993
  (Reihe: Europäische Bildung; Bd. 12)
  ISBN 3-7713-0457-1
NE: Janssen, Bernd [Hrsg.] ; Tagung zur europäischen Dimension
in Unterricht und Erziehung ‹02, 1992, Ludwigsfelde›; GT

© Zentrum für Europäische Bildung, Bonn
Europa Union Verlag GmbH, Bonn
Druck: SDV Saarbrücker Druckerei und Verlag GmbH
ISBN 3-7713-0457-1

Die europäische Dimension
für Lehrer

Institut für Europäische Politik · Zentrum für Europäische Bildung

Reihe Europäische Bildung

Band 12

Inhaltsverzeichnis

Vorwort 7

Programm der Fachtagung 10

Erläuterungen zum Konzept der Fachtagung 15

Gesellschaftlichen Umbruch pädagogisch gestalten
Prof. Dr. Klaus-Jürgen Tillmann 18

Europa - Das Recht, anders zu sein
Dr. Hanna-Renate Laurien 21

Begegnung beginnt vor der Haustür
Dr. Gerd Harms 24

Europa der Bürger im Europa der Regionen
Dr. Werner Boppel 29

Das größere Europa
Dr. Michael Vorbeck 36

Die Maßnahmen der Kommission der Europäischen Gemeinschaften
zur Förderung der europäischen Dimension im Unterricht
Hans-Joachim Dumrese 39

Was heißt bei der Erschließung der Europäischen Dimension
in Unterricht und Erziehung "Gute Praxis"?
Harald Kästner 47

"Nach Maastricht" - Zum Entwicklungsstand der Europäischen Dimension
in Bildung und Erziehung auf nationaler und europäischer Ebene
Harald Kästner 57

Die europäische Dimension in Unterricht und Erziehung
- eine Herausforderung für die politische Bildung
Prof. Dr. Rudolf Hrbek 78

Die europäische Dimension in Unterricht und Erziehung
- eine Herausforderung für die kulturelle Bildung
Luise Dumrese   93

Lehrerfortbildung zur europäischen Dimension - ein Praxisbericht
Dr. Hans Dohm   111

Europäische Dimension in den neuen Bundesländern - ein Praxisbericht
Dr. Rosemarie Beck   123

Bilingualer Unterricht in Baden-Württemberg:
Sachstand und Entwicklungslinien
Hartmut Ebke   134

Das Deutsch-Französische Betriebspraktikum im Modellversuch
"Lernen für Europa - Eine Schule bereitet sich auf Europa vor"
Peter Virnich   143

Bericht der Arbeitsgruppe 1: Politische Bildung
Dr. Otto Schmuck   153

Bericht der Arbeitsgruppe 2: Politische Bildung
Günter Renner   161

Soester Modell - Europa 1993: Landesweite Lehrerfortbildung
in Nordrhein-Westfalen
Ulrich Blasczyk   165

Bericht der Arbeitsgruppe 3 - Kulturelle Bildung
Helga Hinke   173

Bericht der Arbeitsgruppe 4 - Kulturelle Bildung
Ursula Blömeke   178

Resumée - Schlußbetrachtung
Bernd Janssen   183

Liste der Teilnehmer   191

Anhang: Schaubilder   199

Vorwort

Hiermit wird die Dokumentation der zweiten Fachtagung zur europäischen Dimension im Bildungswesen vorgelegt, die das Zentrum für Europäische Bildung der Europäischen Bewegung veranstaltet hat.

Ausgangspunkt war die erste Tagung im Mai 1990, die in Mainz mit der Unterstützung des Bundesministeriums für Bildung und Wissenschaft und des Landes Rheinland-Pfalz durchgeführt wurde. Die Grundlage der Fachtagung bildete die Resolution der EG-Minister aus dem Jahr 1988, mit der zum ersten Mal ein fest beschriebener Konsens von zwölf europäischen Regierungen zur Hand war, der sich mit der Europäischen Dimension im Bildungswesen und mit dem Beitrag von Unterricht und Erziehung zur europäischer Einigung befaßt. Eine kleine Gruppe derer, die sich schon vor diesem Zeitpunkt intensiv mit dem Thema beschäftigt hatten, kam zu dem Schluß, daß es an der Zeit sei, die Gruppen zu einer Bestandsaufnahme einzuladen, die sich mit der Umsetzung dieser Europäischen Dimension in Schule und Bildung befassen oder zu befassen hätten.

Ein Grundprinzip dabei war, daß die Expertengruppen gemischt sein sollten. Nicht nur die Geschichtslehrer und vielleicht auch die Sozialkunde- und Wirtschaftslehrer, sondern auch die Lehrer der musisch-ästhetischen Erziehung und der Fremdsprachen, Teilnehmer aus den Universitäten, Verleger und Autoren von Unterrichtsmaterialien erhielten das Angebot zu einem generellen Austausch in der Hoffnung, daß sich eine Vernetzung der Aktivitäten in den verschiedenen Bereichen anbahnen und entwickeln könnte. Die Fachtagung im Mai 1990 war bundesweit (in elf Bundesländern) ausgeschrieben, kurzfristig kam dann noch ein Vertreter des Erziehungsministeriums der DDR dazu - und der wurde von den Teilnehmern dort als eine in gewisser Weise exotische Blüte empfunden, die aufregend war, aber doch sehr am Rande lag. Diskutiert wurde auf dem Stand in der alten Bundesrepublik Deutschland.

Die Teilnehmer der ersten Fachtagung waren sich einig, daß diese Art des Austausches nach der ersten Bestandsaufnahme fortgesetzt werden müßte. So entstand die Planung, auf der Grundlage der Ergebnisse von Mainz in einer zweiten Fachtagung den Fokus etwas enger auf die Umsetzung der europäischen Dimension in der Lehrerfortbildung zu richten. Diese Idee überzeugte durchaus auch die zwingend notwendigen Zuwendungsgeber, in erster Linie das Bundesministerium für Bildung und Wissenschaft, das den größten Beitrag lieferte.

Dann passierte allerdings in eineinhalb Jahren eine fundamentale Umwälzung in diesem Europa. Die Neuen Bundesländer wurden gebildet. Sehr schnell entstanden Kontakte mit Kollegen aus den mittel- und osteuropäischen Ländern. Für uns Planer war dann die Frage, führen wir die Diskussion um die Umsetzung der Europäischen Dimension im Bildungswesen so weiter, wie wir sie in Mainz angesetzt haben? Das hätte aber geheißen, die tatsächlichen Entwicklungen in diesem Europa erst einmal beiseite zu lassen. Oder stellen wir uns auf diese neue Situation ein und tragen ihr so schnell wie möglich Rechnung? Aus der Antwort auf diese Fragen resultierte dann die Einladung an die Kollegen aus den verschiedenen west-, mittel- und osteuropäischen Ländern zu der zweiten Fachtagung. Auch diese Idee wurde von wiederum notwendigen Zuwendungsgebern für durchaus förderungswürdig gehalten. Der Europarat mit seinem Rat für kulturelle Zusammenarbeit, dem CDCC, also das größere, breitere Gremium intergouvernementaler Zusammenarbeit in Europa, nahm die Fachtagung auf in dem Rahmen des großen Projektes "Europa in der Sekundarstufe". Das Auswärtige Amt fand die Idee hinreichend gut, um sich materiell und ideell zu beteiligen. Auch der Schulausschuß der KMK, der dieses Projekt diskutierte und in dessen Rahmen das Land Brandenburg sich bereit gefunden hatte, die Gastgeberrolle zu übernehmen, begrüßte diese Idee, so daß schließlich 100 Teilnehmer aus achtzehn europäischen Ländern im Pädagogischen Institut des Landes Brandenburg (PLIB) in Ludwigsfelde für zwei Tage zusammenkommen konnten.

Es ist guter Brauch, den Förderern zu danken. Der Dank gilt aber auch den Teilnehmern und vor allem denen, die als Leiter der Arbeitsgruppen und Berichterstatter zusätzliche Arbeit auf sich genommen haben, und auch denen, die als Nicht-Muttersprachler eine deutschsprachige Fachdiskussion über zwei Tage mitgetragen haben. Zu danken ist dann aber insbesondere den Mitarbeitern des Pädagogischen Landesinstituts Brandenburg, die unter der Federführung von Frau Professor Dr. Fuhrmann alles Erdenkliche für das Wohl der Teilnehmer und das Gelingen der Fachtagung getan haben.

Als Hintergrund für die Diskussionen wurden die im "Konzept" (S. 15) aufgeführten Dokumente den Teilnehmern vorab zugeschickt. Das Einführungsreferat zur europäischen Dimension in der politischen Bildung lieferte weitere Orientierung in Form einer politikwissenschaftlichen Sachanalyse, die Einführung zum kulturellen Lernbereich konzentrierte sich insbesondere auf Ziele und Methoden. Eine Ausstellung von Unterrichtsmaterialien und Projektergebnissen zum Thema Europa begleitete die Tagung.

Die hier vorgelegte Dokumentation folgt eng dem tatsächlichen Verlauf der Beiträge, teils anhand von redigierten Tonbandmitschnitten, teils anhand der Referatsmanuskripte. Ergänzend aufgenommen wurden eine Analyse zum Entwicklungsstand der europäischen Dimension in Bildung und Erziehung auf nationaler und europäischer Ebene "nach Maastricht" von H. Kästner (S. 57) und die zusammenfassende Darstellung des "Soester Modells" der landesweiten Lehrerfortbildung zum Thema Europa in Nordrhein-Westfalen. Die Bibliographie der Ausstellung ist so umfangreich, daß sie gesondert publiziert werden muß. Sie kann beim Zentrum für Europäische Bildung angefordert werden.

Die Fortsetzung der Fachtagungen in der europaweiten Zusammensetzung schließlich erscheint dringlicher denn je, um zunehmend Kenntnisse über die weit divergierenden Europabilder zu sammeln und über ihren Austausch zu Verständnis und Verständigung zu kommen.

Bernd Janssen
Zentrum für Europäische Bildung

Zentrum für Europäische Bildung
in Zusammenarbeit mit dem Land Brandenburg

Programm der Fachtagung

Die europäische Dimension in Unterricht und Erziehung
- Umsetzung in der Lehrerfortbildung -

14. - 16. September 1992
im Pädagogischen Landesinstitut Brandenburg
Struveshof, O-1720 Ludwigsfelde

Teilnehmer: etwa 60 Fachleute der europäischen und der Lehrerfortbildung aus den Ländern in der Bundesrepublik Deutschland
etwa 50 Fachleute der europäischen und der Lehrerfortbildung aus west-, mittel- und osteuropäischen Ländern

Arbeitssprache: deutsch

Die Fachtagung wird von einer Ausstellung von Veröffentlichungen und Materialien zur Erschließung der europäischen Dimension im Bildungswesen begleitet.

Bonn, im September 1992

Montag, 14. September

bis 18.00 h	Anreise
18.30 h	Gemeinsames Abendessen in der Tagungsstätte
19.30 h	Eröffnung der Tagung und Begrüßung der Tagungsgäste

        Prof. Dr. Klaus-Jürgen Tillmann, Direktor des Pädagogischen Landesinstituts Brandenburg

        Dr. Hanna-Renate Laurien, Präsidentin des Berliner Abgeordnetenhauses, Vorsitzende des Zentrums für Europäische Bildung

        Dr. Gerd Harms, Staatssekretär im Ministerium für Bildung, Jugend und Sport des Landes Brandenburg

        Grußworte

        Dr. Werner Boppel,
Bundesministerium für Bildung und Wissenschaft

        Dr. Michael Vorbeck,
Generalsekretariat des Europarates

        Hans-Joachim Dumrese,
Kommission der Europäischen Gemeinschaften,
Task Force Human Resources, Allgemeine und Berufliche Bildung

danach   Gelegenheit zum Kennenlernen

Dienstag, 15. September

	Einführung in das Thema:
9.00 h	Zum Entwicklungsstand der europäischen Dimension im Bildungswesen Harald Kästner, Sekretariat der Kultusministerkonferenz, Bonn
	Einführung in die beiden Themenkreise:
9.15 h	Referat: "Die europäische Dimension in Unterricht und Erziehung - eine Herausforderung für die politische Bildung" vor allem in den Fächern Geschichte, Geographie, Politik, Sozialkunde, Wirtschaft Prof. Dr. Rudolf Hrbek, Institut für Politikwissenschaft der Universität Tübingen
10.00 h	Pause
10.15 h	Referat: "Die europäische Dimension in Unterricht und Erziehung - eine Herausforderung für die kulturelle Bildung" vor allem in den Fächern Deutsch, Fremdsprachen, Kunst, Musik, Religion, Philosophie Luise Dumrese, Kultusministerium des Landes Mecklenburg-Vorpommern, Schwerin
	Beispiele aus der Praxis:
11.00 h	Umsetzung in der politischen Bildung Dr. Hans Dohm, Landesinstitut Schleswig-Holstein für Praxis und Theorie der Schule (IPTS), Kronshagen
	Umsetzung in der kulturellen Bildung Dr. Rosemarie Beck, Prof. Dr. Elisabeth Fuhrmann, Pädagogisches Landesinstitut Brandenburg, Ludwigsfelde
	Schulversuche/BLK-Modellversuche Bilingualer Unterricht Hartmut Ebke, Albert-Einstein-Gymnasium, Reutlingen
	Berufspraktika im bilateralen Rahmen Peter Virnich, Gustav-Heinemann-Gesamtschule, Mühlheim/Ruhr

Dienstag, 15. September (Fortsetzung)

12.00 h	Konstituierung der Arbeitsgruppen:

Erschließung der europäischen Dimension
Beispiele, Ergebnisse, Entwicklungen der Lehrerfortbildung

Gruppen 1 und 2 - Politische Bildung:

Leitung:
Hans-Peter Hochstätter,
Ministerium für Bildung, Jugend und Sport, Potsdam
Peter Fischer,
Landesinstitut für Praxis und Theorie der Schule - IPTS-Seminar für Gymnasien, Elmshorn

Berichterstatter:

Dr. Otto Schmuck,
Institut für Europäische Politik, Bonn

Günter Renner,
Europäische Akademie Berlin

Gruppen 3 und 4 - Kulturelle Bildung:

Leitung:
Dr. Rosemarie Beck,
Pädagogisches Landesinstitut Brandenburg
Hans Bäßler,
Landesinstitut für Praxis und Theorie der Schule - IPTS-Seminar für Gymnasien, Lübeck

Berichterstatter:
Helga Hinke,
Bayerisches Staatsministerium für Unterricht, Kultus, Wissenschaft und Kunst, München
Ursula Blömeke,
Europa in der Schule, Bonn

12.30 h bis 14.00 h	Gemeinsames Mittagessen in der Tagungsstätte
14.00 h bis 18.00 h	Fortsetzung der Arbeit in den Arbeitsgruppen

Mittwoch, 16. September

9.00 h   Vorstellung der Ergebnisse aus den Arbeitsgruppen
durch die Berichterstatter der Arbeitsgruppen

10.00 h   Pause

10.15 h   Aussprache zu den Ergebnissen

11.00 h   Resumée und Schlußbetrachtung
Bernd Janssen,
Zentrum für Europäische Bildung, Bonn

11.45 h   Verabschiedung der Tagungsgäste

12.00 h   Gemeinsames Mittagessen

danach   Abreise der Tagungsgäste

Erläuterungen zum Konzept der Fachtagung

1. Europa steht im Jahre 1992 in einem Einigungsprozeß, der den Menschen neue Sichtweisen und Einstellungen abverlangt. Nach Jahrzehnten der Spaltung Europas rücken die europäischen Völker und Staaten in einem gesamteuropäischen Rahmen wieder zusammen. Freiheit und Menschenwürde, Demokratie und Rechtsstaatlichkeit haben sich im Wertbewußtsein der maßgeblichen Kräfte in Europa durchgesetzt. Die Europäische Gemeinschaft hat unumkehrbar den Weg zur Europäischen Union beschritten. Sie hat sich für die Völker und Staaten Europas als ihr gemeinsames politisches Zukunftsmodell erwiesen.

2. Das Zusammenwachsen Europas und die dafür notwendigen Bedingungen bewußt zu machen, ist die besondere Aufgabe der Erschließung der europäischen Dimension im Bildungswesen. Die bildungspolitischen Vorgaben für ihre Ziele und Inhalte sind in Deutschland und in Europa in jüngster Zeit in bedeutsamer Weise konkretisiert und präzisiert worden.

Die Kultusminister und -senatoren der Länder in der Bundesrepublik Deutschland haben mit Beschluß der Kultusministerkonferenz vom 7.12.1990 ihre Empfehlung "Europa im Unterricht" fortgeschrieben und aktualisiert. Sie haben mit Beschluß der Kultusministerkonferenz vom 8.11.1991 einen Gemeinsamen Bericht der Länder zur Umsetzung der Entschließung des Rates und der im Rat vereinigten Minister für das Bildungswesen "Zur europäischen Dimension im Bildungswesen" vom 24.5.1988 vorgelegt.

Die Europäische Erziehungsministerkonferenz hat am 17.10.1991 eine Resolution über "Die europäische Dimension im Bildungswesen: Unterricht und Lehrplaninhalte" mit Empfehlungen an den Europarat zur Umsetzung angenommen. Die Mitgliedsstaaten der Europäischen Gemeinschaft haben schließlich in Maastricht mit ihrem Beschluß vom 7.2.1992 über die Gründung einer Europäischen Union Fördertätigkeiten im Bildungsbereich ergänzend als Gemeinschaftszweck in das Vertragswerk aufgenommen. Dabei geht es u. a. speziell um die Entwicklung der europäischen Dimension im Bildungswesen der Mitgliedstaaten.

3. Die zur Umsetzung der Entschließung des Rates und der im Rat vereinigten Minister für das Bildungswesen vom 24.5.1988 vorgelegten Berichte der EG-Mitgliedstaaten einschließlich des deutschen Berichts verweisen auf viele gute Ideen, viele erprobte Beispiele und ein breites Interesse der Lehrer in Europa an der Erschließung der europäischen Dimension in Unterricht und Erziehung.

Woran es den Lehrern in den europäischen Ländern nach wie vor mangelt, sind die von der Kultusministerkonferenz in ihrer Empfehlung vom 7.12.1990 angesprochenen
° Basisinformationen über Europa, die europäische Zusammenarbeit und Integration und über europäische Wechselbeziehungen in allen Fachmaterialien von Unterricht und Erziehung sowohl für die Hand des Lehrers wie des Schülers.

Hierzu werden bislang vor allem die auf Gemeinschaftsebene gemäß der Entschließung vom 24.5.1988 vereinbarten dokumentarischen Vorarbeiten vermißt.

Es mangelt aber auch an
° Modellversuchen zur Förderung des Lernbereichs Europa im Unterricht und des europäischen Bewußtseins in der Schule mit Transferwert für die Unterrichtspraxis möglichst vieler Schulen.

Hierzu wünschte man sich auf der Grundlage der politisch vorgegebenen Grundsätze und Leitlinien eigentlich für alle Unterrichtsfächer sachlich und pädagogisch weiterführende Erprobungen von Unterrichtsbeispielen mit wissenschaftlicher Begleitung und Dokumentation.

Die vom Bundesministerium für Bildung und Wissenschaft und mehreren Ländern gemeinsam geförderten Modellversuche der Bund-Länder-

Kommission für Bildungsplanung und Forschungsförderung (BLK) zum Thema "Lernen für Europa" sind hier ein richtungsweisender Anfang.

4. Die Fachtagung im Pädagogischen Landesinstitut Brandenburg schließt an eine erste Fachtagung zu demselben Thema 1990 in Mainz an. Sie soll im Hinblick auf die Unterrichtspraxis und den angesprochenen Bedarf an Musterlösungen Anstöße für Verbesserungen geben. Im Mittelpunkt steht daher die Frage nach der Umsetzung der europäischen Dimension in der Lehrerfortbildung als Stätte der Auseinandersetzung mit der Unterrichtspraxis und der Förderung von guter Praxis. Die fachlichen Fragen kreisen wiederum wie bei der Mainzer Tagung um die beiden thematisch-pädagogischen Hauptsachen der politischen und der kulturellen Bildung.

Zwei Vorträge dienen der problematisierenden Einführung in die Themenkreise.

Für die Beispiele aus der Praxis zeichnen in entsprechender Aufgabenteilung zwei pädagogische Landesinstitute verantwortlich: das Pädagogische Landesinstitut Brandenburg und das Landesinstitut Schleswig-Holstein für Praxis und Theorie der Schule. Ergänzend wird aus den Ländern über laufende Schulversuche und BLK-Modellversuche berichtet.

In vier Arbeitsgruppen ist Gelegenheit zum fachlich-pädagogischen Gedankenaustausch.

Die Zusammensetzung des Kreises der Teilnehmer, ihre Herkunft und ihre lehrberuflichen Fachinteressen lassen erwarten, daß die Erschließung der europäischen Dimension im Bildungswesen im nationalen und gesamteuropäischen Kontext als Aufgabe in einer neuen Bedarfslage und Beleuchtung erscheint.

5. Wie in Mainz wird die Fachtagung in Ludwigsfelde von einer Ausstellung von Lehr- und Lernmitteln zur Erschließung der eruopäischen Dimension in Unterricht und Erziehung begleitet.

Gesellschaftlichen Umbruch pädagogisch gestalten
Prof. Dr. Klaus-Jürgen Tillmann
Direktor des Pädagogischen Landesinstituts Ludwigsfelde

Sehr geehrte Frau Parlamentspräsidentin Laurien,
sehr geehrter Herr Staatssekretär Harms,
liebe Kolleginnen und Kollegen,

ich freue mich sehr, eine solch große Zahl von Bildungsexpertinnen und -experten aus vielen Ländern Europas im "Pädagogischen Landesinstitut Brandenburg" begrüßen zu können. Ich habe mir die beeindruckende Gästeliste angeschaut und weiß daher, daß sehr viele von Ihnen eine sehr lange Reise hinter sich haben. Die weiteste Anreise hatten wohl die Gäste aus der Türkei und aus Portugal, eher aus der deutschen Nachbarschaft kommen die Freunde aus Polen, aus Frankreich, aus den Niederlanden. Sie alle begrüße ich genauso herzlich wie die Teilnehmerinnen und Teilnehmer aus den anderen 13 europäischen Ländern, die ich jetzt nicht im einzelnen nenne: Herzlich willkommen im "Pädagogischen Landesinstitut Brandenburg", kurz auch "PLIB".

Es ist für das PLIB eine große Freude, daß wir diese Tagung auf Bitten der Kultusministerkonferenz und im Auftrag unseres Ministeriums durchführen dürfen. Es ist die erste internationale Tagung dieses Ausmaßes, die unser gerade einmal 14 Monate altes Institut ausrichtet. Deshalb haben wir uns auch besondere Mühe gegeben, Ihnen hier eine angenehme Tagungsumgebung zu bieten. Zugleich bitte ich Sie aber herzlich um Verständnis und Nachsicht, wenn noch nicht alles ganz perfekt ist. Unsere Tagungsstätte Ludwigsfelde befindet sich mitten in der Bausanierung. Einiges, so die Gästehäuser, in denen Sie schlafen werden, ist schon fertig, anderes, so die Sanierung der Mensa, haben wir in der Kürze der Zeit noch nicht schaffen können.

Das Gebäude, in dem Sie sich hier befinden, wurde 1988 von der damaligen Volksbildungsministerin Margot Honecker eingeweiht und dem "DDR-Zentralinstitut für die Weiterbildung der Lehrer und Erzieher" übergeben.

Dieses "Zentralinstitut" war eine hermetisch abgeschlossene Einrichtung. Jeder ausländische Besuch mußte als Einzelfall im damaligen Volksbildungsministerium genehmigt werden. Mir ist kein westdeutscher Bildungsexperte bekannt, Westdeutsche galten damals in dieser Region als "Ausländer", der vor der "Wende" dieses Zentralinstitut betreten durfte. Wenn heute hier in dem gleichen Saal eine internationale Tagung mit Teilnehmern von Estland bis Portugal eröffnet wird, so wird zugleich symbolträchtig deutlich, welche Veränderungen sich in den letzten Jahren in Europa vollzogen haben. Und wir, das PLIB, sind Teil dieses Veränderungsprozesses.

Das "Pädagogische Landesinstitut Brandenburg" ist im Zuge der Neuschaffung der ostdeutschen Bundesländer im Juli 1991 als nachgeordnete Einrichtung des Ministeriums für Bildung, Jugend und Sport neu gegründet worden. Gemeinsam mit den Pädagoginnen und Pädagogen im Lande, gemeinsam mit dem Ministerium arbeiten wir am Neuaufbau eines demokratischen Bildungswesens in Brandenburg. Das PLIB ist dabei der Ort, an dem Lehrerfortbildungsmaßnahmen konzipiert und durchgeführt, an dem curriculare Rahmenpläne entwickelt, an dem schulische Modellversuche betreut und Aktivitäten zur Unterstützung der Erwachsenenbildung im Lande getragen werden. Obwohl wir erst so kurze Zeit arbeiten, haben wir hier schon einiges aufzuweisen. Nur zwei Zahlen dazu: Etwa 40 Rahmenpläne für die Brandenburger Schulen wurden unter unserer Betreuung bisher erarbeitet, und mehr als 10.000 Brandenburger Lehrerinnen und Lehrer haben inzwischen in Ludwigsfelde oder in einer der acht Außenstellen des PLIB an Fortbildungsmaßnahmen teilgenommen.

Weil eine unserer Hauptaufgaben die Lehrerfortbildung ist, erwarten wir von einer Tagung über "Die Europäische Dimension in Unterricht und Erziehung" natürlich auch Impulse für unsere eigene Arbeit. Dies ist umso nötiger, als wir in den letzten Tagen und Wochen in diesem Land Ausbrüche von Ausländerhaß erlebt haben, die meine Kollegen und mich mit Scham und Angst erfüllen. Auf diese Ereignisse wollen und müssen wir auch im pädagogischen Feld reagieren. Vielleicht kann diese Tagung uns beim Nachdenken über die richtigen Reaktionsweisen helfen.

Damit die Brandenburger Schulen von dieser Tagung auch direkt etwas haben, soll die Ausstellung, die wir hier aufgebaut haben, auch über die Tagungszeit hinaus geöffnet bleiben. Wir erwarten von Mittwoch mittag bis Freitag abend den Besuch vieler Lehrerinnen und Lehrer, auch vieler ihrer Schülerinnen und Schüler aus dem Umland als Besucher dieser Ausstellung. Sie bietet einen konzentrierten Überblick über Materialien zum Thema "Europa in Schule und Unterricht", ein Besuch in einer Sitzungspause wird sich auch für Sie lohnen.

Weil dieses Institut noch so jung ist, kann es noch nicht auf sehr viele Aktivitäten in der internationalen Arbeit verweisen. Die wenigen Aktivitäten, die wir hier vorweisen können, haben sich bewußt auf unseren unmittelbaren europäischen Nachbarn, auf Polen bezogen. Im Juni dieses Jahres fand hier eine große deutsch-polnische Pädagogenkonferenz statt, und in wenigen Wochen werden wir bereits zum zweiten Mal polnische Deutschlehrer zu einem Seminar im PLIB begrüßen können. Wir möchten auf diese Weise in einer Phase des gesellschaftlichen Umbruchs auf beiden Seiten unseren Beitrag zur deutsch-polnischen Veständigung leisten. Deshalb freue ich mich ganz besonders, daß unser Abend eröffnet wird durch ein kleines Konzert des deutsch-polnischen Jugendorchesters. Ein Orchester, das aus jungen Menschen der Städte Zielona Gora und Frankfurt/Oder besteht. Das Orchester besteht seit 1973 und spielt stets, so auch heute abend, unter zwei Dirigenten: Maciej Ogarek und Gunter Reinecker.

Ich wünsche Ihnen für dieses Konzert viel Vergnügen und für die Tagung viele interessante Lernprozesse. Danke schön.

Europa - Das Recht, anders zu sein
Dr. Hanna-Renate Laurien
Präsidentin des Abgeordnetenhauses von Berlin, Vorsitzende des Deutschen Komitees des Zentrums für Europäische Bildung

Meine Damen und Herren,

ich freue mich, Sie alle hier begrüßen zu können. Dem Hausherrn, Herrn Prof. Tillmann, möchte ich ganz herzlich danken für die Aufnahme, die Sie allen hier bereitet haben.

Wir sind ein paar Erläuterungen schuldig, wie es zu dieser Tagung gekommen ist. Wir, das sind der Deutsche Rat der Europäischen Bewegung und das Zentrum für Europäische Bildung. Von uns erwartet man, daß wir als nichtstaatliche, aber mit dem Staat zusammenarbeitende Einrichtung den Europäischen Gedanken im Bewußtsein junger Menschen fördern und daß wir die Brüsseler Stolpersteine zu gangbaren Wegen umformen, was manchmal gelingt. Ein Instrument dabei ist der Europäische Wettbewerb, der zum 39. Mal an unseren Schulen stattgefunden hat, 142.000 Teilnehmer in diesem Jahr, davon 19.000 aus den neuen Ländern. Das ist eine beachtliche und bemerkenswerte Zahl, deshalb passiert das Seltene, daß man auch Lehrern und Lehrerinnen öffentlich dankt, und das sollten wir mitnehmen.

Meine Damen und Herren, dennoch ist das nur eine produktive Minderheit, gemessen an allen Schülern, es sind 2,7% von allen Schülern. Die Beteiligung ist also noch steigerungsfähig. Wir haben deshalb 1990 gesagt, wir müssen einmal über den Wettbewerb hinaus, und haben in Mainz die erste Fachtagung dieser Art veranstaltet, damals vor allen Dingen mit Curriculum- und Lehrplanmitarbeitern. Die vergangene Tagung wurde vom Bundesministerium für Bildung und Wissenschaft und dem Land Rheinland-Pfalz getragen. Wichtigstes Ergebnis war: Die Sache muß fortgesetzt werden. Und das geschieht nun mit dieser Tagung.

Ich danke den Ideenträgern im Zentrum und Ihnen, Herr Janssen, stellvertretend für alle anderen Mitarbeiter. Ich danke dem zuständigen Bundesministerium, das hier heute durch Herrn Ministerialdirigenten Boppel vertreten ist. Seien Sie hier herzlich willkommen. Ich danke dem Vertreter des Europarates, Herrn Dr. Vorbeck, der hier ebenfalls in freundlicher Zusammenarbeit anwesend ist, und dem Vertreter des Auswärtigen Amtes, das auch zu erwähnen ist, weil es uns mit bezuschußt hat. Weiterhin begrüße ich sehr herzlich als Vertreter der EG Herrn Dr. Dumrese.

Meine Damen und Herren, die Steigerung kommt jetzt: Außer dem Dank an all die Länder, die mitgewirkt haben, gilt ein besonderer Dank der Zuarbeit des Landes Schleswig-Holstein. Wie ich der Teilnehmerliste entnehme, ist eine erfreuliche Partizipation der süddeutschen Länder gegeben, womit eine gute Gemeinsamkeit dargestellt ist. Die Spitze des Dankes gilt dem Land Brandenburg, das diesmal die organisatorische Verantwortung übernommen hat und dessen Staatssekretär Harms deshalb hier eine besonders herzliche Begrüßung verdient.

Meine Damen und Herren, mit dem Teilnehmerkreis endet Deutschland eben nicht mehr am Rhein oder gar an der Elbe, und Europa endet nicht mehr an der Oder und auch nicht unbedingt am Don. Das wird durch diese Tagung deutlich. Lassen Sie mich nur eine ganz kurze Bemerkung machen - Reden hören Sie ja noch genug in den nächsten Tagen -, daß dieses Europa ein Kennzeichen hat, nämlich, daß man nicht nur die Erlaubnis hat, anders zu sein als der Nachbar, sondern das einklagbare Recht hat, anders zu sein. In Beruf, Glaubensentscheidung, Parteientscheidung, Ortsentscheidung und was immer Sie nennen. Das Anderssein führt auch zur Chance der Begegnung und zur Pflicht der Begegnung. In der Küche ist das längst klar. Vom Türkenbrot bis zur Baguette. Aber so wie ich, erlauben Sie mir, das so kraß zu sagen, so wie ich den Petersdom nicht "oben ohne" besuche, so sollte man auch, wenn man als Menschen aus unterschiedlichen Kulturen zusammenlebt, und da spreche ich aus sehr konkreter Erfahrung, nicht um Mitternacht Radau machen, wenn der Schichtarbeiter von nebenan morgens um 5 aufsteht. Wenn meine amerikanischen und vor allem meine jüdischen Freunde mich nachts anrufen und sagen: "Renatchen, müssen wir wieder Angst haben aufgrund der Ereignisse?" - was einem durch Mark und Bein geht - dann möchte ich sagen, das ist nicht zuerst Ausländerhaß, der sich in diesen Ereignissen zeigt, sondern es ist sehr oft das nicht Aushalten unterschiedlicher Lebensstile. Hier hat Schule eine unglaublich wichtige Aufgabe. Sie muß nämlich die Begegnung mit dem Fremden, mit dem Anderen, als Chance und als Bereicherung vermitteln und nicht als etwas, das Angst macht. Und zu dieser Aufgabe möchten wir Ihnen weiterhin Bestärkung geben, die Sie sich ja darauf alle schon eingelassen haben. Das heißt ja eben gerade nicht, auf die Eigenart zu verzichten. Enzensberger hat in seinem faszinierenden Buch "Ach Europa" uns Politikern vorgeworfen, daß wir nur die Einheitlichkeit bringen. Das ist inzwischen nicht mehr die Wirklichkeit, sondern das Recht auf Unterschiedlichkeit wird bejaht; wenn wir dieses Recht nicht bejahen, dann fördern wir Chauvinisten wie Le Pen oder Schönhuber. Und genau das kann nicht unsere Linie sein, sondern die Offenheit gegenüber dem Fremden ist sie.

Meine Damen und Herren, dazu sollen konkrete Hilfen gegeben werden, und ich möchte mit einem Traum, einer Vision, einer Bitte schließen: Ich fände es hinreißend, wenn unsere dritte Tagung, die wir ja, sobald der Tagungsbericht vorliegt, anfangen werden zu bedenken, in einer Form, über die wir reden sollten, auch die Europapolitik mit der Entwicklungspolitik verbindet. Damit Europapolitik und Entwicklungspolitik nicht als "entweder/oder" erscheinen, sondern als "sowohl/als auch".

Und mit diesem Zukunftswunsch, meine Damen und Herren, möchte ich schließen und jetzt schon denen danken, die die Leitung der Tagung übernehmen werden, nämlich Frau Professor Fuhrmann und Herrn Oberstudiendirektor Kästner von der Kultusministerkonferenz, der vom Europagedanken überhaupt nicht mehr zu trennen ist. Herzlich sei auch Ihnen gedankt für die Leitung, die Sie dann am folgenden Tag übernehmen werden.

Meine Damen und Herren, ich habe nun die Aufgabe, Herrn Staatssekretär Harms um das Wort zu bitten.

Begegnung beginnt vor der Haustür
Dr. Gerd Harms
Staatssekretär im Ministerium für Bildung, Jugend und Sport des Landes Brandenburg

Frau Vorsitzende, meine Damen und Herren,

es ist natürlich schwierig, nach einem so herrlichen Konzert und nach den Worten, die einem doch vieles aus dem Munde nehmen, dennoch Neues zu sagen. Ich möchte Sie zunächst einmal alle herzlich in Brandenburg begrüßen. Frau Ministerin Birthler, die sie eigentlich begrüßen wollte, mußte leider zu einem anderen Termin. Ich wurde gebeten, sie zu vertreten.

Meine Damen und Herren, es ist nicht so einfach mit Europa im Moment. Die europäische Einigung befindet sich an einer vielleicht ganz entscheidenden Schwelle, und es besteht immerhin die Gefahr, daß sie ins Stolpern kommt. Damit meine ich nicht nur die Abstimmung in Frankreich am kommenden Wochenende, sondern auch die aktuellen Diskussionen in verschiedenen europäischen Ländern, die deutlich machen, die Politische Union steht an einem Scheideweg. Hier, im Osten Deutschlands, ist die Meinung ausgesprochen widersprüchlich. Ich habe mir in der Vorbereitung heute nachmittag einige Infas-Analysen aus dem Juni dieses Jahres angeschaut, und da kommt schon Nachdenkenswertes zutage. 28% der Menschen erwarten von den Verträgen eher Nachteile, nur 10% der Menschen Bevölkerung erwarten Vorteile. 48% sind bei dieser Frage aber unentschieden, und das verweist in der Tat auf die entscheidende Bedeutung der Bildung und der Erziehung in dieser Frage. Woran liegt das?

82% aller Befragten fühlten sich schlecht oder weniger gut informiert über das, was Europa, was die Verträge von Maastricht, was diese aktuelle Entwicklung in Europa derzeit ausmacht. 72% waren der Auffassung, daß meistens oder durchweg über die Köpfe der Betroffenen hinweg verhandelt wurde. Ich meine, daß hiermit ein elementares Defizit in der politischen Entwicklung zu Europa deutlich wird, daß wir auch alle gehalten sind, diese Ängste vor einer möglichen Vereinigung ernst zu nehmen. Die dänische

Abstimmung hat ganz deutlich gezeigt, wie eine Koalition aus sehr verschiedenen Motiven dann am Ende zu einer Ablehnung geführt hat, die möglicherweise bei einer anderen Diskussion ein ganz anderes Ergebnis produziert hätte.

Eins muß deutlich werden, und ich freue mich, Frau Dr. Laurien, daß Sie das auch in den Mittelpunkt Ihrer Rede gestellt haben: Vereinheitlichung Europas kann und darf nicht Vereinheitlichung der politischen und der kulturellen Situation in den verschiedenen Regionen bedeuten.

Die aktuelle Entwicklung geht einher mit einem Erstarken nationalistischer und fremdenfeindlicher Stimmungen, auch wenn ich nicht glaube, daß das, was dort passiert ist, in Rostock, in Cottbus beispielsweise oder in Eberswalde, nun sehr viel oder in erster Linie damit zu tun hat, daß sich hier faschistische Organisationen zusammenfinden. Das ist zunächst einmal die Angst vor einer Entwicklung, die die Menschen selber nicht mehr in der Hand haben, bei der sie selber nicht mehr das Gefühl haben, diese Entwicklung zu steuern. Wir müssen darauf aufmerksam machen, auch wenn wir über Europa reden, wir Deutschen befinden uns in einem Prozeß einer doppelten Vereinheitlichung: der deutschen Einheit und der europäischen Einigung - und wir müssen aufpassen, daß wir uns und die Menschen in diesem Prozeß nicht überfordern. Europäische Einigung und Fremdenfeindlichkeit schließen sich in der Tat aus, und für den Weg zu einer europäischen Einigung spielt die Verständigung über die Bedeutung Deutschlands in Europa eine elementare Bedeutung.

Unser Deutschlandbild darf sich dabei weder an nationalistischer Überheblichkeit noch, und das scheint mir weniger selbstverständlich, an einer Selbstentwertung orientieren. Vielmehr müssen wir darangehen, an einem neuen Selbstbewußtsein, das nach 40 Jahren Spaltung nun tastend auf der Suche ist, an dieser deutschen Identität zu arbeiten, an einer freien und offenen Nation, die sich an humanistischen Werten in einer solidarischen Europäischen Gemeinschaft orientiert. Gerade wenn wir im Gespräch mit Jugendlichen oder in Berichten über solche Gespräche erfahren, daß die Angst vor Fremden, vor dem Anderen, vor Ausländern bei vielen Menschen eine Reaktion nicht erstarkenden, sondern mangelnden Selbstbewußtseins ist, müssen wir nachdenken über ein Deutschlandbild und einen deutschen Diskurs, der seine Stärke nicht daraus zieht, Menschen auszugrenzen, sondern es schafft, gerade in diesen gemeinsamen Dialog einzutreten.

Die europäische Einigung, da komme ich zu einem nächsten wichtigen Punkt, ist kein Prozeß, der sich nur auf die Staaten der EG bezieht. Das Schengener Abkommen wurde zu einer Zeit entwickelt, als man sich sicher wähnte hinter dem Eisernen Vorhang. Das Abkommen war eine Abwehrbewegung gegen den armen Süden oder Südosten. Plötzlich stellen wir fest: Wir haben eine völlig andere Entwicklung, wir befinden uns zwar am östlichen Rand der EG, aber im Zentrum Europas. Die Gefahr, daß Europa sich als eine Wohlstandsinsel gegen andere Länder und Staaten abkapselt und damit noch die entstehende Unsicherheit und Armut im Osten Europas mitbefördert, ist riesengroß und ich meine, das darf nicht geschehen. Bei der redaktionellen Arbeit an diesem Beitrag (Januar '93) ist die angesprochene Befürchtung wieder ein Stück realer geworden. Der sogenannte "Asylkompromiß", der die Lasten der Armutsbewegungen aus dem Osten insbesondere auf Polen und die Tschechei abzuladen droht, und die Insel Deutschland in der Festung Europas definiert, zeigt, in welche bedrohliche Richtung unsere Republik auf dem Weg ist. Die Europäische Gemeinschaft, die Europäische Union muß sich nach Osten orientieren. Ich glaube, der Beginn dieser Tagung mit dem deutsch-polnischen Jugendorchester hat symbolischen Wert für die Aufgaben, die in diesem Zusammenhang vor uns stehen.

Diese Tagung wird sich auf Fragen der Vermittlung der europäischen Dimension in Bildung und Unterricht konzentrieren und sich den Fragen der Fort- und Weiterbildung, den Fragen der Lehrerbildung in erster Linie, zuwenden. Die von mir zitierten Umfrageergebnisse belegen, daß dieses für uns die Hauptaufgabe sein muß. Information, Diskussion über das, was Europa bedeuten kann, Kenntnis über Struktur und Gestalt dessen, was da auf uns zukommt, Kenntnis auch über die Möglichkeiten, über die Wege, wie dieses jungen Menschen vermittelt werden kann.

Ich denke, eine der ersten Tugenden in diesem Zusammenhang muß der Erwerb einer, möglichst mehrerer, Fremdsprachen sein, und zwar als integraler Bestandteil des Unterrichts überall. Sie wissen, vor welchen Problemen wir hier im Osten Deutschlands stehen, gerade bei der Vermittlung der jetzt stark gewählten westlichen Fremdsprachen Englisch und Französisch.

Doch Fremdsprachenlernen reicht allein nicht aus. Die Geschichte der russischen Sprache in der DDR zeigt, daß eine Sprache, die nicht gelebt, die nicht gesprochen wird, die keine Sprache der Begegnung ist, sondern eine Sprache, die eben um der schulischen Anforderungen willen gelernt wird, daß diese Sprache verkümmert. Und wieviele Menschen in der DDR haben wieviele Jahre ihres Lebens dafür hergegeben, eine Sprache zu lernen, in der sie jetzt nur noch wenige Brocken verstehen und sich vermutlich auch in Rußland nicht verständigen könnten. Die Anwendung von Sprache ist die Begegnung zwischen Menschen unterschiedlicher Kulturen, und diese Aufgabe sollte im Zentrum unserer Anstrengungen stehen. Internationaler Jugendaustausch, Begegnung zwischen Schulen, Partnerschaften, internationale Wettbewerbe, aber auch der Austausch von Lehrerinnen und Lehrern, der lebendige Dialog, müssen für uns die wesentliche Aufgabe sein. Für uns in Brandenburg beginnt die Begegnung hier vor der Haustür. Dem unüberschaubar großen Europa muß als notwendiges Pendant, als notwendige Entsprechung auch die Region gegenüberstehen, der überschaubare, sich in der historischen Entwicklung befindliche Teil, der für die Menschen unmittelbar begreifbar ist. Wenn politische Einigung, wie ich sagte, nicht Vereinheitlichung bedeuten darf, dann ist die unmittelbare regionale Zusammenarbeit auch die Herausbildung von Unterschiedlichkeit und die unmittelbare Erfahrung von Unterschiedlichkeit.

Brandenburg sieht sich hier in der Verpflichtung, einen sehr engen Dialog mit Polen einzugehen. Wir haben bilinguale Klassen errichtet, wir befinden uns in einem direkten Lehreraustausch. Wir haben uns da ganz praktisch verständigt und gesagt, in der Grenzregion, da müssen wir solche Kontakte entwickeln, ohne daß erst der Pädagogische Austauschdienst und Bonn eine Rolle spielen müssen. Man verständigt sich zwischen Städten; solche Orchester wie dieses hier sind auch eine Tradition, die noch aus der DDR-Zeit stammt, und die wir fortsetzen müssen. Unmittelbare direkte Nachbarschaft in einem Europa der Regionen, dieses muß im Mittelpunkt der Arbeit stehen.

Meine Damen und Herren, verzeihen Sie mir, daß ich Ihre Geduld mit sehr allgemeinen Ausführungen strapaziert habe. Die Tagung hat einen anderen Inhalt, aber es war mir immer schon zuwider, den Fachleuten, die anwesend sind, über das, wovon sie sehr viel mehr verstehen als ich, irgendwelche Weisheiten zu erzählen, die mir jemand anders aufgeschrieben hat. Ich hoffe, daß diese Tagung in der skizzierten Richtung ein Beitrag ist. Ich glaube, wir in Brandenburg werden sehr viel davon lernen können. Nochmal meinen Dank an die Veranstalter und Veranstalterinnen für das, was Sie auf die Beine gestellt haben, und Ihnen viel Erfolg und viel Spaß bei der Arbeit. Danke sehr.

Europa der Bürger im Europa der Regionen
Dr. Werner Boppel
Bundesministerium für Bildung und Wissenschaft

Meine Damen und Herren,

im Namen des Bundesministers für Bildung und Wissenschaft, Professor Dr. Rainer Ortleb, begrüße ich Sie, sehr verehrte Frau Parlamentspräsidentin Dr. Laurien, auch in ihrer Eigenschaft als Vorsitzende des Zentrums für Europäische Bildung, Herrn Staatssekretär Harms sowie Herrn Prof. Tillmann als den "Hausherrn" dieses Landesinstituts, der den Rahmen geschaffen hat für diese Fachtagung. Ich begrüße die hier anwesenden Kolleginnen und Kollegen aus Schule und Verwaltung, vor allem aber auch Herrn Janssen, der maßgeblich für die Organisation dieser Tagung verantwortlich ist.

Mit besonderer Freude begrüße ich auch all die Kolleginnen und Kollegen, die aus anderen europäischen Ländern den Weg nach Brandenburg gefunden haben. Sie sorgen dafür, daß wir nicht nur akademisch über einen Beitrag zu Europa in Unterricht und Erziehung sprechen, sondern darüber hinaus die verschiedenen Wege, Sichtweisen und Handlungsvorschläge aus verschiedenen Ländern miteinander vergleichen können, um daraus gemeinsame und, dies möchte ich besonders betonen, auch Verständnis für unterschiedliche Wege in der zukünftigen Arbeit zu entwickeln.

Europa wird jetzt sehr konkret. Der Tag ist nicht mehr fern, an dem wir den Schritt von einer Wirtschaftsunion zu einer politischen Union tun. Ich bin davon überzeugt, daß dieses Europa nach dem 1. Januar 1993 viele Lebensbereiche entscheidend verändern wird. Je näher der nächste Jahreswechsel rückt, desto zuversichtlicher sind viele, die sich von Europa mehr Freiheit und Wohlstand versprechen, umso deutlicher artikulieren sich aber auch - dies müssen wir hier offen aussprechen - in den Mitgliedstaaten die Sorgen von Menschen, die fürchten, einmal Erreichtes und Errungenes nicht nach Europa hinüberretten zu können. Zur Zeit laufen die Debatten über die - Volksabstimmung am 20. September in Frankreich zu den Maastrichter Verträgen, in die sich ja am 3.9. auch Bundeskanzler Dr. Kohl eingeschaltet hat; kritisch ist nicht nur die Stimmung in Frankreich, sondern auch in vielen anderen Ländern. Ich will hier auf die Nöte und Ängste, die viele Menschen im Zusammenhang mit Europa bewegt, nicht näher eingehen. Herr Staatssekretär Harms hat ja auch im einzelnen darauf hingewiesen. Manches mag uns überzeugten Europäern grundlos erscheinen, dennoch sind dies Ängste und Sorgen, mit denen wir uns auseinandersetzen müssen, um zu verhindern, daß die Europadebatte in unseren Ländern ins Irrationale abgleitet. Viele dieser Ängste und Sorgen sind überzogen und zeugen oft von wenig Sachkenntnis, aber dennoch dürfen wir, die wir uns als überzeugte Europäer fühlen und daher auch oft geneigt sind, über die genannten, wenig sachkundigen Argumente hinwegzusehen, nicht vergessen, daß es oft genug in der Geschichte vorgekommen ist, daß emotionale und sachfremde Vorurteile den Gang der Politik bestimmten und nicht rationale Argumente.

Wenn wir nun die unserer Meinung nach guten und wichtigen Argumente für Europa verbreiten wollen, müssen wir uns eben auch mit den Vorurteilen vieler Menschen auseinandersetzen. Das kosmopolitische Denken und Handeln der Aufklärung in der die Europaidee des 20. Jahrhunderts wurzelt, muß daher in zweierlei Sicht Gegenstand des Lehrens und Lernens sein. Im Prinzip müssen wir Konzepte für die Kunst entwickeln, negative Vorurteile in positive umzuwandeln. Dies ist eine Aufgabe für die Lehrerbildung, die ja hier im Mittelpunkt der Tagung steht, aber auch für die Politik und die Medien, die in erster Linie einen Beitrag zur allgemeinen Meinungsbildung und zum Entstehen von Stimmungen leisten. Die Zusammenhänge, die zwischen Politik, Medien, Lehren und Lernen in Schulen und in anderen Bildungsinstitutionen zu der heute vorhandenen Gemengelage von Urteilen und Vorurteilen über Europa führen, sind letztlich selbst Gegenstand auch der Bildungspolitik.

Die Bundesregierung legt großen Wert darauf, daß die Identität der Regionen und Länder gewahrt wird. Damit das einmal so pathetisch beschworene "Europa der Bürger" auch in seiner Ausformung als "Europa der Regionen" leben kann. Wir betreiben deshalb eine Politik, in der wir die Autonomie der Regionen vergrößern wollen. Dies gilt nicht zuletzt auch für die Verwaltung von Hochschulen und Schulen durch die Regionen.

Das deutsche Modell des Föderalismus hat hier durchaus Vorbildcharakter für ganz Europa. Gerade in einer Zeit, in der bei uns in Deutschland in mehreren Ländern darüber diskutiert wird, Zuständigkeiten in der Verwaltung von Schulen mit dem Stichwort der Autonomie auf die unteren Ebenen der Schulverwaltung zu verlagern, wäre es völlig falsch, eine Gleichschaltung von Inhalten, Organisationsformen und Abschlüssen in Europa zu fordern, die möglicherweise auch noch per Richtlinie durch die Kommission verordnet werden würde. Eine bildungspolitische Planungskompetenz hat die Kommission nicht, und sie wird sie auch nicht erhalten, soweit wir dies heute absehen.

Es wird jedoch Diskussionen darüber geben, wie in einem vielfältig strukturierten Europa zwischen Jütland und Kreta, Galizien und Brandenburg und demnächst, wenn andere Mitgliedstaaten dazukommen, in einem noch viel größeren Gebiet trotzdem die Mobilität der Menschen erhöht werden kann. Diese Aktivität halte ich für richtig, denn es ist dringend erforderlich, daß Menschen, die bereit oder vielleicht auch beruflich darauf angewiesen sind, von einem Mitgliedsstaat in den anderen umziehen, keine Zeit verlieren, weil eben irgendwelche Schul- oder Studienleistungen nicht anerkannt werden können.

Aus diesem Grund halte ich es für wesentlich, daß wir uns bewußt sind, daß das in den Maastrichter Verträgen verankerte Subsidiaritätsprinzip einerseits den Regionen, Provinzen und Ländern die Chance gibt, bei der Ausgestaltung von Lehrplänen und Organisationsformen des Lehrens und Lernens mitzuwirken, sie zu gestalten, sie andererseits aber auch verpflichtet, sich über die Durchlässigkeit und die Vergleichbarkeit der Strukturen des Bildungswesens zu verständigen. Ein Europa der Bürger muß dafür sorgen, daß der Weg von einer Region in die andere tatsächlich begehbar ist. Mobilitätshindernisse sind abzubauen, ohne daß alles nivelliert wird. Vereinbarungen über die Vergleichbarkeit, ich sage bewußt Vergleichbarkeit und nicht Gleichheit oder Gleichartigkeit, von Abschlüssen sind auch im Schulbereich nötig und sollten so weit zu einem Abschluß geführt werden, daß die Qualität der Bildungsinstitutionen den Menschen ein Höchstmaß an Berufs- und Lebenschancen vermittelt. Dazu gehört eben auch eine hohe Mobilität.

Europa, das ist heute mehr als die Europäische Gemeinschaft. Vielen anderen Ländern erscheint es heute attraktiv, sich an dem Projekt Europa zu beteiligen. Im Bildungswesen, über das wir ja hier sprechen, ist beispielsweise eine Kooperation mit den Staaten der EFTA geplant. Österreich, Finnland, Schweden, Island, Liechtenstein, Norwegen und die Schweiz werden möglicherweise demnächst mit uns an einem Tisch über das europäische Bildungswesen sprechen. Für andere aus dem ehemaligen kommunistischen Machtbereich ist dieses Modell Europa wiederum zweifach attraktiv: einmal als Wohlstandsmodell, das es mit seiner weitgehend praktizierten sozialen Marktwirtschaft geschafft hat, den meisten Menschen Arbeits- und Lebenschancen zu geben, andererseits als politisches Modell, das mit seinen freien Handelsmöglichkeiten, seiner Freizügigkeit im Verkehr von Personen und Waren und in der politischen Offenheit für die Meinung Andersdenkender Kreativität und Selbstverantwortung der Menschen stärkt.

Ich wage vorauszusagen, daß bis zum Jahr 2000 Europa größer und in seinen Strukturen differenzierter sein wird als viele es heute wünschen oder auch befürchten. Erlauben Sie mir einen Schuß konkrete Utopie, die wir meines Erachtens brauchen, wenn wir das Ziel eines Europas der Bürger und der Regionen nicht aus den Augen verlieren wollen. Die verschiedenen Politikbereiche von der Außen- über die Wirtschafts- und Sozialpolitik bis hin zur Bildungspolitik werden in verschiedenen Gremien oder verschiedenen Ebenen in einem gewissen Umfang zumindest koordiniert werden. Das europäische Parlament wird weitergehende Befugnisse haben als dies heute, 1992, noch der Fall ist. Auch die von vielen gefürchtete Eurokratie wird stärker einer parlamentarischen Kontrolle unterworfen. Vielleicht hat der Ministerrat dann auch sogar vergleichbare Funktionen, wie sie heute in Deutschland der Bundesrat hat.

Der Bundesminister für Bildung und Wissenschaft vertritt die Bundesrepublik Deutschland in den relevanten EG-Gremien gemeinsam mit den Ländern. Auch dies ist ein deutliches Zeichen dafür, daß gesamtstaatliche Verantwortung und Subsidiaritätsprinzip immer zusammen gesehen werden müssen. Die Modellversuche, die wir gemeinsam in den letzten Jahren auf den Weg gebracht haben, um die europäische Dimension im Lehren und Lernen an allgemeinbildenden Schulen, in der beruflichen Bildung und in der Hochschule zu stärken, zeigen, wie Europa mit der Zeit auch in den Bildungsinstitutionen wachsen kann und wird.

Im Rahmen dieser Tagung werden die Länder auch von ihren Maßnahmen und Schulversuchen berichten. Gemeinsame Modellversuche des Bundes und der Länder werden ihre Projekte zum Fremdsprachen lernen, zum interkulturellen Lernen bis hin zu gemeinsamen Betriebspraktika von Schülern aus mehreren Mitgliedstaaten vorstellen. Schließlich besteht die Gelegenheit, gemeinsam mit Wissenschaftlern die europäische Dimension von Forschung und Bildung, von Lehren und Lernen zu erörtern. Die herausragende Rolle der Lehrerinnen und Lehrer bei der Vermittlung einer europäischen Dimension in Unterricht und Erziehung wird in dieser Fachtagung zu Recht in den Mittelpunkt bildungspolitischer Arbeit gerückt. Alle Modellversuche, alle Schulversuche, alle Innovationen, die wir in Bund und Ländern gemeinsam auf den Weg bringen, ja, auch alle Beschlüsse der Kultusministerkonferenz, selbst die Inhalte der Lehrpläne, die, wie der morgen sicher von Herrn Kästner noch im einzelnen vorzustellende Bericht der Länder belegt, eine Vielzahl von Möglichkeiten für europäisches Lernen und Lehren eröffnen, sind letztlich wirkungslos, wenn nicht Lehrerinnen und Lehrer im Unterricht dies umsetzen und konkret europäisch handeln.

Was europäisches Handeln im Unterricht bedeutet, hängt allerdings nicht nur von didaktischen und methodischen Konzepten ab, sondern hängt eben ab von der Einstellung, die wir den Lehrern und Lehrerinnen auch in der Aus- und Fortbildung vermitteln. Dort, wo es der Politik gelingt, ein positives Klima für einen fächerübergreifenden, handlungsorientierten und für die wichtigen gesellschaftlichen Themen offenen Unterricht zu schaffen, werden Lehrerinnen und Lehrer ermutigt, die mitunter vielleicht nicht allzu europäisch gehaltenen Lehrbücher, Handreichungen und Materialien selbst zu europäisieren oder sich mit Kolleginnen und Kollegen zu verständigen, wie man vielleicht im Fremdsprachenunterricht, in den Naturwissenschaften oder auch in dem gesellschaftswissenschaftlichen Aufgabenfeld gemeinsam ein europäisches Thema ausgestalten kann.

Auch die Bereitschaft von Lehrerinnen und Lehrern, Schulpartnerschaften und Schüleraustausch im Unterricht vorzubereiten, zu begleiten und produktiv in neue Lernphasen umzusetzen, hängt davon ab, wie wir in der Bildungsverwaltung uns selbst gegenüber Europa verhalten. Ich wage sogar zu sagen, daß wir, die wir in der Bildungsverwaltung für Entscheidungen und Richtlinien, Beschlüsse und innovative Projekte verantwortlich sind, den Schlüssel für die Ermutigung von Lehrerinnen und Lehrern in der Hand haben, ihren Unterricht für Europa zu ergänzen oder vielleicht in dem ein oder anderen Fall sogar zu verändern. Andererseits aber appelliere ich auch an die Lehrerinnen und Lehrer, sich den europäischen Herausforderungen zu stellen und mit dazu beizutragen, daß die Rahmenbedingungen, die vielleicht noch nicht europäisch genug sind, verändert werden. Lehrerinnen und Lehrer müssen ebenso bei der Europäisierung des Lehrens und Lernens mitwirken wie dies alle anderen Gruppen auch tun müssen.

Ich hoffe, daß diese Fachtagung hier einige wichtige Perspektiven eröffnet, wie die in der Schule Tätigen und die in der Verwaltung für die Schule Verantwortlichen gemeinsam für alle Kinder und Jugendlichen eine Schule schaffen können, die den Namen "Europäische Schule" verdient. Es genügt nicht, einige besondere Schulen mit diesem Etikett zu versehen. Was wir brauchen, ist der europäische Unterricht in allen Schulen.

Die Öffnung unseres Schul- und Bildungswesens ist unsere ureigenste Aufgabe. Je entschiedener wir sie angehen, umso weniger werden die Argumente gegen Europa oder die Rufe nach zentralen europäischen Entscheidungen im Bildungssektor aufkommen. Der geweitete Horizont, in dem diese Fachtagung dies gemeinsam mit Vertretern aus allen europäischen Ländern tut, wird die vor zwei Jahren in Mainz ergriffene Initiative des Deutschen Rates der Europäischen Bewegung wesentlich beflügeln. Ich hoffe und wünsche, daß diese Tagung in Ludwigsfelde, die im Vorfeld ja interessanterweise auch unter Mainz II firmierte, unter diesem Namen die Kontinuität der Idee der europäischen Dimension im Bildungswesen, vielleicht unter dem Namen "Ludwigsfelde I" aber auch die neue Qualität des Lernens in und für Europa einer weiteren Öffentlichkeit offenbaren wird. Ihnen allen wünsche ich hierzu die Motivation, die Kreativität und die

Initiative, die nötig sein wird, um - hier komme ich auf den Anfang meiner Ausführungen zurück - vielen Menschen die Sorgen zu nehmen, die sie heute bei dem Begriff Europa hegen, und ihnen die Zuversicht und den Mut zu geben, ein Europa der Bürger im Europa der Regionen zu verwirklichen.

Letztlich liegt es an uns allen, an uns, die wir Bildung verwalten, die wir in den Schulen lehren, in den Hochschulen forschen und lehren und uns hier in solchen Tagungen gemeinsam über ein gutes oder sogar besseres Europa verständigen, wie das Europa der Zukunft aussieht. Vielen Dank.

Das größere Europa
Dr. Michael Vorbeck
Vertreter des Europarats, Abteilung Bildung, Kultur und Sport

Sehr verehrte Frau Dr. Laurien, sehr verehrter Herr Staatssekretär, sehr verehrter Hausherr Professor Tillmann, meine Damen und Herren,

als Vertreter des Europarats bringe ich die Grüße unserer Generalsekretärin, Frau Catherine Lalumière, und unserer Abteilung Bildung, Kultur und Sport. Ich danke dem Zentrum für Europäische Bildung sowie dem Pädagogischen Landesinstitut Brandenburg ("PLIB") für die Einladung und die Initiative zu dieser Tagung. Das Thema "Europäische Bildung" ist hochaktuell, nicht nur, weil die 12 EG-Staaten immer enger zusammenwachsen, sondern auch, weil mit dem Wegfall des Eisernen Vorhangs Europa vom Atlantik bis zum Ural Wirklichkeit werden kann. Die jungen Menschen, die wir ausbilden, werden in einem europäischen Großraum leben und arbeiten, auf den wir sie vorbereiten müssen. Sie müssen sich bewußt machen, was Europa geistig, kulturell und geschichtlich gemeinsam hat, müssen die Nachbarn besser kennenlernen, europäische Werte bejahen, Sprachen sprechen und vieles mehr.

Der Europarat in Straßburg - nicht zu verwechseln mit der EG in Brüssel - ist die älteste europäische Organisation, 1949 als Keimzelle des zu vereinigenden Europas gegründet. Er umfaßt heute (nach dem Beitritt Bulgariens, Polens, der Tschechoslowakei und Ungarns) 27 Staaten, zu denen auch alle 12 EG-Staaten gehören, und besitzt eine Parlamentarische Versammlung, die sich dreimal im Jahr trifft. Als Gremien sind weiter zu nennen:
1. Der Rat für kulturelle Zusammenarbeit (Conseil de la Coopération Culturelle, Council for Cultural Cooperation, CDCC) mit seinen vier Ausschüssen:
    - dem Bildungsausschuß,
    - der Hochschulkonferenz (Standing Conference on University Problems, CCPU),
    - dem Kulturausschuß,

- dem Denkmalpflegeausschuß.

Im Kulturrat sind derzeit 35 Staaten Vollmitglied:
- die 27 des Europarats, ferner
- Rußland, Litauen, Rumänien, Albanien, Estland, Lettland, Slowenien und der Heilige Stuhl.

Weitere Staaten, zum Beispiel Kroatien, Weißrußland, Ukraine, und Moldawien, werden bald folgen.

2. Die Europäische Unterrichtsministerkonferenz (Conférence permanente des Ministres européens de l'Education, CME), der außer dem Europarat auch UNESCO, OECD, EG und Nordischer Rat berichten und die - bei ca. 120 Kultusministern in Gesamteuropa - sehr viel mehr ein Europa der Regionen als das der Nationen vertritt.

3. Die ständige Konferenz der Gemeinden und Regionen Europas, die sich auch für Bildungsfragen interessiert.

Für den Europarat ist Europa mehr als nur ein Binnenmarkt von 12 EG-Staaten. Europa ist eine auf gemeinsame Werte (z. B. Demokratie und Menschenrechte) und gemeinsame Ursprünge und Geschichte gegründete, geistig-kulturelle Gemeinschaft, die vom Atlantik bis zum Ural reicht und deren geographische Grenzen mitunter fließend sind. Dieser Europabegriff ist offen gegenüber anderen Erdteilen. Er setzt europäische Einigung nicht erst 1949 an, sondern bezieht alle großen Reichsgründungen und Einigungsbestrebungen der letzten 2000 Jahre mit ein, vom Römerreich über Karl den Großen und das Heilige Römische Reich deutscher Nation bis zum österreichisch-ungarischen Reich, um zu sehen, welche Fehler gemacht wurden, und um diese künftig zu vermeiden.

Alle Fächer müssen in europäischem Geist unterrichtet werden. Europäische Allgemeinbildung verlangt:
Werterziehung und Persönlichkeitsentwicklung;
viel Kreativität, Phantasie, musische Elemente;
klare, einfache Ausdrucksweise in der Muttersprache; Beherrschung von ein bis zwei Fremdsprachen;

Grundkenntnisse in Mathematik, Technik und Naturwissenschaften;
eine europäische, die gegenseitige Verflechtung der Völker unterstreichende Geschichtsbetrachtung;
gute Kenntnisse der Geografie auch Mittel- und Osteuropas;
eine europäisch ausgerichtete Staatsbürgerkunde, die die Frage stellt, ob Europa zentralistisch oder bundesstaatlich, mit viel örtlicher und regionaler Autonomie, verfaßt werden soll;
Religion im Sinne von Grundkenntnissen der großen Weltreligionen.

Europa muß ferner durch Auslandskontakte, Reisen, Lehrer- und Schüleraustausch praktisch erfahren werden.

Einige Beispiele aus dem Arbeitsprogramm des Europarates seien genannt:
- der zusammen mit EG und Europäischer Kulturstiftung jährlich veranstaltete Wettbewerb zum Europäischen Schultag,
- Das Schwerpunktprojekt "Sekundarschule für Europa", das Denkanstöße für die Schulreform und vor allem die europäische Dimension im Unterricht gibt. Die Empfehlungen der Europäischen Unterrichtsministerkonferenz hierzu (Wien 1991) entstanden in enger Zusammenarbeit mit der Kultusministerkonferenz (KMK-Text 1990);
- verschiedene Tagungen zu Fragen des Austausches und der Schulpartnerschaften;
- Das Europäische Lehrerfortbildungs-Stipendienprogramm;
- Bemühungen um Anerkennung von Abschlüssen und Freizügigkeit (europaweite Anerkennung des Abiturs schon seit 1953);
- Hinweise auf große europäische Kulturstraßen (Seidenstraße, Barockstraße, Pilgerweg nach Santiago de Compostela).
Vielfältige Dokumentationen hierzu steht zur Verfügung.

Die Maßnahmen der Kommission der Europäischen Gemeinschaften zur Förderung der europäischen Dimension im Unterricht

Hans-Joachim Dumrese
EG-Kommission, Task Force Human Resources, allgemeine und berufliche Bildung, Jugend

Sehr geehrte Frau Präsidentin Dr. Laurien,
sehr geehrter Herr Staatssekretär Dr. Harms,
sehr geehrter Hausherr, Herr Prof. Dr. Tillmann,
meine Damen und Herren,

mir ist eben von unserer Vorsitzenden Frau Dr. Laurien die Rolle zugewiesen worden, als Brüsseler "Stolperstein" zu Ihnen zu sprechen. Ich habe mir die Rolle kurz angeschaut und habe festgestellt, daß sie zu mir und zu Brüssel nicht paßt. Ich möchte Ihnen deswegen in der Rolle des Brüsseler "Ecksteins" antworten. In diesem Sinne möchte ich Ihnen die Grüße und die guten Wünsche von Kommissionspräsident Delors und von Frau Kommissarin Vasso Papandreou überbringen. Gleichzeitig möchte ich dem Lande Brandenburg, dem Gastgeber und Mitträger dieser Veranstaltung, herzlich danken.

Das Land Brandenburg war bereits im Jahre 1990 Gastgeber des EG-Bildungsausschusses. Das gute Verhältnis des Landes Brandenburg zur EG, zur Gemeinschaft, weist sich auch aus an der starken Beteiligung dieses Landes an dem Sonderprogramm der Gemeinschaft für die Eingliederung der fünf neuen Bundesländer in die verschiedenen Programme der Gemeinschaft. Die Kommission stellt dies mit Dankbarkeit fest.

Mit dem Beitritt der fünf neuen Bundesländer, meine Damen und Herren, hat sich die Europäische Gemeinschaft zum ersten Mal nach Mitteleuropa ausgeweitet und auch auf das Gebiet des ehemaligen RGW. Andere mitteleuropäische Regionen werden folgen. Der französische Staatspräsident hat vor kurzem im Fernsehen die Ansicht vertreten - und dies an einer geographischen Karte veranschaulicht - daß mit Ausnahme der russischen, der ukrainischen, der georgischen und einiger Jugoslawien-Nachfolgerepubliken alle europäischen Länder, die dies noch nicht getan haben, der Gemeinschaft beitreten werden. In dem Entwurf zum Vertrag zur Politischen Union von Maastricht heißt es zum selben Thema: "Der Beitritt zur Europäischen Gemeinschaft steht jedem europäischen Lande offen". Der Beitritt der fünf neuen Bundesländer zur Bundesrepublik Deutschland und zur Gemeinschaft erscheint in dieser Perspektive der Gemeinschaftserweiterung geradezu als Anfang künftiger Entwicklungen, in der sich die bisher überwiegend westeuropäische Gemeinschaft zu einer west- und mitteleuropäischen Gemeinschaft wandelt. In dieser Perspektive sind die fünf neuen Bundesländer in der Rolle von Vorboten. "Was ist die Botschaft dieser Vorboten?" möchte man fragen, auch im Hinblick auf diese Tagung. Gibt es eine Botschaft? Wie repräsentativ ist diese Botschaft auch für die Länder, die noch nicht beigetreten sind, aber eines Tages beitreten werden? Gibt es so etwas wie eine mitteleuropäische Dimension im Rahmen der gesamteuropäischen Dimension?

Europa im Unterricht ist, wie Sie wissen, kein ganz neues Thema. Die ersten Beschlüsse der Kultusministerkonferenz zum Lernbereich Europa datieren aus den 70er Jahren. Die der Kommission aus dem Jahre 1988. Der Reiz dieser Ludwigsfelder Tagung mag vielleicht darin bestehen, daß hier ein vorstrukturiertes Thema auf ein neues Publikum trifft, das einerseits ein hohes Informationsbedürfnis hat, das andererseits aber auch Erfahrungen mitbringt, auch solche zur internationalen Dimension im Unterricht. Von den zahlreichen Lehrerbesuchergruppen, die ich in Brüssel zu empfangen habe und denen ich oft begegne, höre ich z.B., daß zu Zeiten der DDR Studierende - und nicht nur solche - der Lehrerstudiengänge zwei Fremdsprachen zu belegen hatten, darunter eine westliche, in der Regel Englisch. Dergleichen wird von der Gemeinschaft zwar immer wieder in ihren Dokumenten und bildungspolitischen Verlautbarungen gefordert, verwirklicht wird es häufig nicht.

Meine Damen und Herren, aus dem Deutschunterricht und aus dem Fremdsprachenunterricht ist uns allen das "précis"-Schreiben bekannt: Schwierige und komplexe Zusammenhänge sind in wenigen Worten und manchmal in einem einzigen Begriff zusammenzufassen. Wenn Sie in Brüssel Vertreter des Rates und der Kommission und vor allen Dingen auch Parlamentarier fragen würden: Worum geht es letztlich in der bildungspolitischen Zusammenarbeit in Europa? dann wäre wahrscheinlich die häufigste Antwort, die Sie erhalten: Es geht um den Aufbau einer europäischen Dimension. Es geht darum, daß sich die im 19. Jahrhundert herausgebildeten und im 20. Jahrhundert verfestigten nationalen Bildungssysteme zueinander öffnen und zu ihrer nationalen Dimension auch eine europäische Dimension entwickeln. Es geht um den Aufbau eines europäischen Bildungsraums, in dem Lernende und Lehrende gemeinschaftsweit freizügig werden und Bildungseinrichtungen gemeinschaftsweit miteinander kooperieren, aber auch konkurrieren. Europa ist mehr als eine Wirtschaftsgemeinschaft; zur wirtschaftlichen Kohäsion muß auch die kulturelle Kohäsion treten. Europa ist vor allem eine Kulturgemeinschaft.

In den bildungspolitischen Dokumenten der Gemeinschaft ist der Hinweis auf die europäische Dimension ständige Praxis. Fast kein Programmentwurf der Kommission, keine Stellungnahme des Parlaments, fast keine Entschließung des Rates ohne diesen Begriff, der dadurch je nach Kontext unterschiedliche Bedeutung annimmt. Im Entwurf des Vertrages zur Politischen Union vom 7. Februar dieses Jahres, der gegenwärtig den Parlamenten zur Ratifizierung vorliegt, heißt es: "Die Gemeinschaft erhält die Kompetenz, die europäische Dimension im Unterricht zu fördern, insbesondere durch den Unterricht von anderen Sprachen." Hier wird die europäische Dimension als Fremdsprachenförderung verstanden. In der Entschließung des Rates und der im Rat vereinigten Minister für das Bildungswesen zur europäischen Dimension im Bildungswesen vom 24. Mai 1988 werden curriculare Fragen angesprochen sowie Fragen der Lehrerbildung und des Schüler- und Lehreraustausches. Die beiden eben angeführten Verlautbarungen sind jedoch nur Mosaiksteine in einem größeren Ganzen, wenn man die gesamte bildungspolitische Tätigkeit des EG-Bildungsministerrates seit dessen Anfängen im Jahre 1976 heranzieht.

Die etwa 150 Entschließungen und Empfehlungen sowie Stellungnahmen, in der Regel zum Schulbereich aber auch zum Hochschulbereich, die etwa fünfzehn Beschlüsse in der verbindlicheren Rechtsform der Entscheidung, auf denen die sieben berufsbildenden und hochschulbezogenen Aktionsprogramme wie COMETT, ERASMUS, PETRA, FORCE, EUROTECHNET, LINGUA und TEMPUS beruhen, ferner die rund siebzig Richtlinien zur Anerkennung der Diplome und anderen Abschlüsse für den Fall der Verwendung für berufliche Zwecke und die anderen außerhalb von eigentlichen Programmen laufenden Maßnahmen, die mit einem inzwischen auf 400 Millionen ECU, das sind rund 800 Millionen DM, angestiegenen EG-Bildungshaushalt verbunden sind. Dann konkretisiert sich der Begriff der europäischen Dimension wie folgt.

Die erste Komponente: Schüler- und Lehreraustausch.
Europas Bürger, junge Bürger, sollen sich bereits in der Jugendzeit kennenlernen und nicht erst später auf dem Arbeitsmarkt unter den Bedingungen der Konkurrenz und der Entfremdung. Kommissionspräsident Delors hat vor Jahren gefordert, daß 10% eines Jahrgangs von Jugendlichen während der Bildungs- und Ausbildungszeit die Gelegenheit haben soll, in einem anderen Lande der Gemeinschaft zu leben und zu lernen, sei es in der Schulzeit oder in der Berufsbildungszeit oder in der Hochschulzeit.

Die zweite Komponente: Erfahrungsaustausch.
Hier geht es um die Förderung des gemeinschaftsweiten Erfahrungsaustausches zu Bildungsfragen zwischen allen Beteiligten des Bildungswesens, auf allen Ebenen des Bildungswesens bis hin zur Institutionalisierung dieser gemeinschaftsweiten Meinungsbildungsprozesse durch Förderung gemeinschaftsweiter Zusammenschlüsse von Lehrerverbänden, Elternverbänden, Schülerverbänden und Fachverbänden und durch Errichtung von solchen Dokumentations- und Forschungsstellen wie EURYDICE und CEDEFOP. CEDEFOP im übrigen in Berlin.

Die dritte Komponente ist curricularer Art.
Auf der Lernzielebene werden unter dem Gesichtspunkt der europäischen Dimension unionsbürgerliche, menschenrechtliche und kulturübergreifende Lernziele prioritär:
- Vermittlung einer unionsbürgerlichen Identität im Sinne der in Art. 8 ff. des Vertragsentwurfs zur Politischen Union ausgewiesenen Unionsbür-

gerschaft,
- Abbau von Fremdenfeindlichkeit,
- Kampf gegen Rassismus,
- Kenntnis und Wertschätzung anderer nationaler Kulturen,
- Vermittlung von Fähigkeiten, in anderen Gesellschaften mit anderen Sprachen und anderen Kulturen leben zu können
- und die Erkenntnis, daß es über den Nationalkulturen eine gemeinsame Kultur Europas gibt.

Auf der Lernstoffebene geht es um ein neues Gleichgewicht zwischen Unterrichtsgegenständen mit nationaler, regionaler und lokaler Bedeutung auf der einen und europäischer oder allgemein internationaler Bedeutung auf der anderen Seite. Manches muß ausgetauscht, manches neu gewichtet werden. Im Fremdsprachenunterricht heißt dies: Angebot von mehr Fremdsprachen, Angebot von anderen Fremdsprachen, auch von weniger verbreiteten Fremdsprachen, Angebot von frühem Fremdsprachenlernen, ferner Fremdsprachenlernen durch muttersprachliche Lehrer, Fremdsprachenlernen im Land der Fremdsprache, Fremdsprachenlernen durch Begegnung und Unterricht von Sachfächern in der Fremdsprache.

In diesem Sinne hat die Dienststelle, die ich hier vertrete, die Task Force "Humanressourcen, allgemeine und berufliche Bildung, Jugend" in der letzten Zeit ein Netz von 146 Lehreraus- und -fortbildungsinstituten gemeinschaftsweit gebildet, das an 14 Themen curriculare Bausteine der europäischen Dimension erarbeitet. Aus Deutschland sind bisher leider keine ostdeutschen Lehreraus- und -fortbildungsinstitute daran beteiligt. Ich möchte anregen, daß Sie über Ihre Kultusministerien Ihren Wunsch an Beteiligung an diesen Netzen weitergeben. Aus Deutschland sind bisher beteiligt: die Pädagogische Hochschule Freiburg, die Bayerische Akademie für Lehrerfortbildung Dillingen, die Universität Osnabrück, die Universität Hildesheim, die Pädagogische Hochschule Ludwigsburg, das Deutsche Institut für Internationale Pädagogische Forschung und die Universität Köln, Fachbereich Behindertenpädagogik.

Die vierte und letzte Komponente: gegenseitige Anerkennung der Diplome und anderer Abschlüsse bzw. die Ausweitung des nationalen Geltungsbereiches der heutigen Zeugnisse auf einen gemeinschaftsweiten Geltungsbereich. Nach etwa 30jährigen Arbeiten, in deren Verlauf etwa 70 Richtlinien erlassen worden sind, sind in diesem Sommer die Bemühungen um die gegenseitige Anerkennung der Berufsabschlüsse zu einem vorläufigen Abschluß gekommen. Sämtliche berufsbefähigenden Abschlüsse sämtlicher zwölf Mitgliedsstaaten sind in einem Anerkennungssystem, bestehend aus drei Ebenen, zusammengefaßt worden, von denen jede Ebene ausschließlich nach Länge der Bildungszeit definiert wird. Da sind die Abschlüsse, die einen Hochschulzugang und ein mindestens 3jähriges Studium voraussetzen. Das ist die dritte oder höchste Ebene. Bei der zweiten Ebene handelt es sich um Abschlüsse, die einen Hochschulzugang und ein zweijähriges Studium voraussetzen - ein Ausbildungsgang, der in Deutschland nicht vertreten ist - oder die einen Hochschulzugang und eine nichtakademische Ausbildung in tertiärem Bereich umfassen - Stichwort Optiker und andere Berufe aus dem Gesundheitssektor. Und da sind schließlich auf der ersten Ebene sämtliche anderen Abschlüsse: In Deutschland sind das insbesondere die etwa 400 Berufsabschlüsse gemäß Berufsausbildungsgesetz.

Dieses dreistufige Anerkennungssystem wird mittelfristig zweifellos erhebliche Rückwirkungen auf die Bildungseinrichtungen, -angebote und -gänge in den Mitgliedsländern ausüben. Durch die Anerkennungsrichtlinien ist ein Verbund der Abschlüsse entstanden, der indirekt auch die bisher gegeneinander abgeschotteten nationalen Bildungssysteme in einen Verbund setzt, weil sie nun unter eine gemeinsame Vorgabe gestellt werden. Mit Sicherheit ist dies ein bedeutender Schritt in Richtung Aufbau eines europäischen Bildungssystems.

Allerdings bleibt noch sehr viel zu tun übrig, denn die bisherigen Regelungen gelten ausschließlich für Zwecke der beruflichen Anerkennung, nicht für Zwecke der akademischen Anerkennung. Wenn also ein Arzt aus Potsdam sich in Paris niederlassen will, dann ist das ein Fall für berufliche Anerkennung. Seine Berufsausübung wird heute aufgrund dieser Richtlinien nicht mehr behindert - er kann sich in Paris niederlassen, auch in allen anderen Orten der Gemeinschaft. Wenn aber derselbe Arzt aus Potsdam in

Potsdam seine Praxis aufgibt, um sich in Paris an der Sorbonne noch zu habilitieren, dann ist das ein Fall der akademischen Anerkennung. Das untersteht allein der französischen Universität. Stichwort: Autonomie der Universitäten. Für Fragen der akademischen Anerkennung hat die Gemeinschaft keinerlei Kompetenz. Ebensowenig im übrigen wie die nationalen Regierungen. Fragen der gegenseitigen akademischen Anerkennung können lediglich auf dem Konsensweg gehört werden, Konsens unter den beteiligten Bildungseinrichtungen -in dem Beispiel hier der Universitäten. Die eben genannten sieben Programme sind vorerst der einzigen Ansatzpunkt, auch die gegenseitige akademische Anerkennung von Qualifikationen in Gang zu bringen.

Meine Damen und Herren, ich möchte zum Schluß anregen, daß Sie bei Ihren Diskussionen immer auch diese Programme der Gemeinschaft mit einbeziehen, u.a. auch unter dem Gesichtspunkt einer eventuellen eigenen Teilnahme oder der Teilnahme Ihrer Schüler, auch wenn Sie feststellen sollten, daß so manches für Ihre eigene Situation oder für die Ihrer Schüler noch nicht ganz paßt. Denn die europäische Dimension sieht für Portugiesen, für Griechen und für Niederländer, um nur einige zu nennen, anders aus als für Dänen oder Deutsche. Dänemark und Deutschland sind Brückenländer zu Nord- und Osteuropa, in deren Verständnis von Europa und von europäischer Dimension Nord- und Osteuropa einen vergleichsweise breiten Raum einnehmen. Für die nord- und osteuropäische Dimension stehen aber gegenwärtig bei den Gemeinschaftsprogrammen lediglich zwei zur Verfügung, nämlich das TEMPUS-Programm und die prioritären Maßnahmen im Jugendbereich. Trotzdem sollten Sie sich bei Ihrer täglichen Arbeit nicht davon abhalten lassen, sich im Rahmen der europäischen Dimension auch für nord- und osteuropäische Themen zu öffnen. Eigeninitiative im Unterricht kann nur willkommen sein. Das Bildungssystem ist flexibel genug, in Form von Modellversuchen neue Ideen und Initiativen aufzunehmen und zu erproben.

Die europäische Dimension im Bildungswesen ist heute eine unabweisbare Notwendigkeit, nicht weil Brüssel oder Bonn oder Potsdam dies so sehen, sondern weil Eltern und Schüler solche Angebote für erforderlich halten.

Immer mehr Menschen leben heute beruflich und privat in internationalen Bezügen. Früher war dies eine Sache von wenigen, heute betrifft es bald jeden. Eltern und Schüler wissen dies, und entsprechend steigt die Nachfrage nach diesen Angeboten. Die nationale, die regionale und die lokale Dimension werden trotzdem weiterhin ihre Bedeutung haben und ihr Recht verlangen. Und die europäische Dimension muß sich wahrscheinlich sehr schnell mit einer noch weiter gespannten Dimension den Platz teilen: der planetarischen oder der menschheitsweiten Dimension oder wie immer man sie nennen will. Für viele Probleme ist heute auch Europa schon zu klein und für manche anderen möglicherweise nicht beweglich genug.

Ich danke Ihnen, meine Damen und Herren, für Ihre Aufmerksamkeit.

Was heißt bei der Erschließung der Europäischen Dimension in Unterricht und Erziehung "Gute Praxis"?

Harald Kästner
Sekretariat der Ständigen Konferenz der Kultusminister der Länder in der Bundesrepublik Deutschland

1. Ein gemeinsamer Bezugsrahmen

Mit dem Vertrag über die Europäische Union, der am 01.01.1993 in Kraft treten soll, erhalten die nationalen Bildungspolitiken der Mitgliedsstaaten der Europäischen Gemeinschaft erstmals nach Gemeinschaftsrecht einen gemeinsamen Bezugsrahmen im Sinne eines gemeinschaftlichen europäischen Überbaus. Einheitlicher Ausdruck für die Gesamtheit der bestehenden Gemeinsamkeiten und deren Klammer ist als terminus technicus die Europäische Dimension im Bildungswesen. Die Formel ist 1976 mit dem (ersten) Aktionsprogramm der Gemeinschaft im Bildungswesen eingeführt worden. Damals ging es darum, "der Erfahrung der Lehrkräfte und der Lernenden an Grundschulen und Sekundarschulen in der Gemeinschaft eine Europäische Dimension zu verleihen". Die Formel hat sich nach weiterer politischer Bestätigung (1980), auch von seiten des Europäischen Parlaments, mit ihrem Eingang in den Vertrag von Maastricht als maßgebliche Entwicklungs- und Ordnungskategorie für den gesamten Bildungsbereich durchgesetzt.

Sie präsentiert sich, was die Erschließung der Europäischen Dimension in Unterricht und Erziehung angeht, inzwischen nicht mehr als unbestimmter Maß- und Qualitätsbegriff. Spätestens seit der EG-Expertenkonferenz vom 21./23.05.1990 in Namur wird für den Unterricht im europäischen Ausmaß seiner Bezüge die Forderung nach guter Praxis erhoben. Eine erste Sammlung von Beispielen, was darunter im Expertenkonsens verstanden wird, ist bereits veröffentlicht[1]. Die hier im Pädagogischen Landesinstitut Brandenburg in Ludwigsfelde heute und morgen durchgeführte Fachtagung ist der Frage nach der Umsetzung der Europäischen Dimension in der Lehrerfortbildung als Stätte der Auseinandersetzung mit der Unterrichtspraxis und der Förderung von guter Praxis gewidmet. Die Frage drängt sich auf: Woran erkennt man, für die Europäer nachvollziehbar, einen im europäischen Ausmaß seiner Bezüge guten Unterricht in Europa? Gibt es dafür anerkannte

Kriterien? Ich möchte darauf mit fünf Thesen aus deutscher Sicht eine Antwort geben und zur Vorbereitung darauf eine allgemeine Bemerkung machen, die unsere gemeinsame Situation und meinen Standpunkt beleuchtet.

2. Die zentrale Frage

Unterricht und Erziehung in Europa sind in ihrem Aufgabenverständnis mit der Entwicklung von Politik und Gesellschaft, Wirtschaft und Wissenschaft zunehmend komplexer und komplizierter geworden. Herodot berichtet über die Erziehung bei den Persern - natürlich schon damals zum Erstaunen seiner griechischen Zeitgenossen - : Sie lehrten die Knaben vom 5. bis zum 20. Lebensjahr nur dreierlei: Reiten, Bogenschießen und die Wahrheit sagen. Knapp zweieinhalb Tausend Jahre später hätten wir über die Erziehung bei den Europäern jedenfalls von einer Vervielfachung der Fächer für die Vermittlung der in der Antike konzipierten enzyklischen Allgemeinbildung und einer Verhundertfachung der Lernziele für die verschiedensten praktischen und theoretischen Fähigkeiten zu berichten.

Auch wenn die Aufgaben der kategorialen Bildung, den Menschen überlebens- und unterscheidungsfähig zu machen, die gleichen geblieben sind, die Aufgaben der materialen Bildung, ihm dazu die notwendige geistige Ausrüstung mitzugeben, haben die erstere vielfältig erdrückt und überwuchert. Das öffentlich verantwortliche Schulwesen in Europa bietet seit langem ein Bild der Unübersichtlichkeit seiner Zwecke und eines anhaltenden und nicht immer nur akademischen Streits unter den Verfechtern seiner Formkräfte. Es ist in immer wieder neuem Gewand: La querelle des anciens et des modernes. Oder: How to be equal and excellent, too. Die jüngste Gegenbewegung formiert sich in Deutschland z. Zt. in den neuen Bundesländern im Zeichen der demokratischen Schule, in den alten Bundesländern im Zeichen der guten Schule, der Neuentdeckung von Schule als Lebensraum, einer neuen Beziehung von Schule und Kultur, Schule und Welt der Arbeit, Schule und Europa. Viele Schulen entdecken zum ersten Mal, daß sie, um auf dem Markt der Angebote attraktiv zu bleiben, ein spezielles pädagogisches Profil brauchen, daß Schule allein mit der staatlich genehmigten

Grundausstattung und gewährten öffentlichen Versorgung Eltern, Schülern und Lehrern nicht genügt.

Die Frage nach gutem Unterricht und guter Erziehung ist für den Sinn von Unterricht und Erziehung natürlich die zentrale Frage. Es geht um die Bestimmung dessen, was pädagogisch bedeutsam ist. Gehören Verkehrserziehung und AIDS-Prävention z. B. notwendig dazu? Ich habe den Eindruck, daß die Europäer mit der aktuellen Fragestellung nach der guten Praxis bei der Erschließung der Europäischen Dimension in Unterricht und Erziehung eigentlich in dieses Zentrum hineinfragen, das heißt nach den Zielen und Inhalten der ihnen gemeinsamen besten europäischen Allgemeinbildung. In dem Maße, in dem ihnen die sie umgebende Lebenswirklichkeit weitgehend auf hohem zivilisatorischen Niveau gleich und ihre Probleme im öffentlichen und privaten Leben nur mit den gleichen hohen Grundwertevorstellungen lösbar erscheinen, erwarten sie offensichtlich mutatis mutandis deren Abbilder und Vorbilder auch im Bereich von Unterricht und Erziehung. Wie weit ist es sinnvoll, dieser Erwartung mit gemeineuropäischen Anstrengungen zu folgen und ihr Auftrieb zu geben?

Der Vertrag von Maastricht über die Europäische Union hat klargestellt, daß die Verantwortlichkeit für das Schulwesen in der Gemeinschaft bei den Mitgliedsstaaten liegt und daß die Gemeinschaft selber etwa bei der Erschließung der Europäischen Dimension im Unterricht wie bei den übrigen möglichen Aktionsfeldern nur hilfsweise tätig werden darf. Ich bin der Meinung, daß die festgelegte Kompetenzverteilung ebenso strikt beachtet werden muß, wie ihre volle Ausschöpfung erwartet werden darf. Eine europäische Befassung, das heißt eine Befassung auf europäischer Ebene und im europäischen Rahmen, mit guter Praxis bei der Erschließung der Europäischen Dimension im Unterricht, sollte daher nur in den vereinbarungsgemäß speziell offenstehenden Bereichen wünschenswert sein, und sie sollte sich mit kritisch vergleichenden Bewertungen auf Materien beschränken, die nach Gemeinschaftsmaßstäben auch verifizierbar sind. Diese Materien und Maßstäbe sind bekanntlich ganz eindeutig der sogenannte "Besitzstand" der Gemeinschaft (l'acquis communautaire)[2], das heißt:

- Inhalt, Grundsätze und politische Ziele der Verträge einschließlich des Vertrages von Maastricht;

- das Folgerecht und die Rechtsprechung des Gerichtshofes;

- die Erklärungen und Entschließungen der Gemeinschaft;

- die Internationalen Abkommen und Abkommen zwischen Mitgliedsstaaten, die die Tätigkeiten der Gemeinschaft betreffen.

Natürlich betrifft der Unterricht an den Schulen in Europa vieles - vielleicht sogar das meiste im Vergleich der Mengen -, was vollständig außerhalb der Materien und Maßstäbe dieses "Besitzstandes" liegt und zugleich aber untereinander viele strukturelle und inhaltliche Gemeinsamkeiten aufweist.

Nicht ohne Genugtuung und mit Respekt vor dem Europarat möchte ich in diesem Zusammenhang auf die Resolution der Europäischen Erziehungsministerkonferenz vom 17.10.1991 über "Die europäische Dimension im Bildungswesen: Unterricht und Lehrplaninhalte" hinweisen, die den Bestand an Gemeinsamkeiten mit politischer Anerkennung vermehrt hat. Aber selbst diese Gemeinsamkeiten sind nicht einem gemeinschaftlichen Maßstab unterworfen, und speziell für diese Mengen ist m. E. die jüngste mit Zustimmung des Europäischen Rates getroffene Feststellung der EG-Kommission von Bedeutung: "Eine offizielle Begriffsbestimmung für "europäisch"[3] gibt es nicht."

Der "Besitzstand" der Gemeinschaft ist, wenn man seine didaktische Verarbeitung in den Lehr- und Lernmitteln sichtet, erst ansatzweise daraufhin ausgefiltert, was an ihm bei einer systematischen Betrachtungsweise pädagogisch bedeutsam ist. Mängel, die in dieser Hinsicht ganz eindeutig dem Unterricht anhaften, gehen überwiegend zu Lasten noch offener inhaltlicher und politischer Strukturvorgaben auf nationaler Ebene. Sie machen sich besonders beim Vergleich im europäischen Rahmen bemerkbar, wozu neuerdings erstmals mit den in der Gemeinschaft vorliegenden Berichten zur Umsetzung der Entschließung vom 24.05.1988 über die Europäische Dimension im Bildungswesen fundierte Voraussetzungen geschaffen worden sind. Die folgenden Thesen wollen, gerade weil eine nicht geringe Unstimmigkeit unsere gemeinsame Realität ist, demgegenüber für eine vergleichbare Weiterarbeit auf gemeinsamem Boden mit dem Ziel der Ermittlung von guter Praxis eine Orientierungshilfe darstellen.

3. Guter Unterricht über Europa

Meine Thesen, die Sie vor diesem Hintergrund vielleicht etwas besser verstehen, betreffen fünf Komplexe mit den Stichworten: Europäische und nationale Loyalität (1), äußere und innere Grenzen (2), Ökonomie und Ökologie (3), interkulturelle Begegnung (4), Gemeinwohl und Sicherheit (5). Ihre gemeinsame Hypothese ist, daß guter Unterricht über Europa mindestens fünf Bedingungen erfüllt.

1. Guter Unterricht über Europa erzieht zu europäischer und nationaler Loyalität und zur Identifizierung mit ihren Grundwerten.

Das heißt: Der Unterricht lehrt den künftigen Bürger in der Europäischen Union, seine europäische Unionsbürgerschaft und seine nationale Staatsbürgerschaft zu kennen und sich mit den damit verbundenen Rechten und Pflichten zu identifizieren. Zu der Bereitschaft, sich in eine doppelte Loyalitätsbindung zu begeben, gehört m. E. zwingend die Erkenntnis, daß bestimmte Vorkehrungen für das Allgemeinwohl auf supranationaler Ebene und in einem supranationalen Rahmen getroffen werden müssen, die mit der entsprechenden Verlagerung von Souveränität bei Regierung und Parlament verbunden sind. Dazu gehört ebenso zwingend das Einverständnis, daß die politische Zusammenarbeit in der Union wesentlich von den nationalen Staaten geleistet werden muß. Keine andere Ebene kann nach der geschichtlichen Entwicklung in Europa diese gegenwärtig und für die nächste Zukunft ersetzen. Nur die national verfaßten Staaten und als Staaten verfaßten Nationen können zuvörderst und das heißt bei sich zuhause die tatsächlichen Bedingungen für Freiheit, Rechtsstaatlichkeit, Demokratie und Selbstbestimmung gewährleisten. Nur durch ihren Beitrag und ihr geläutertes Selbstbewußtsein können die Völker in Frieden leben.

Das Fundament der gemeinsamen Grundwerte ist - solange die Europäische Union über keine gemeinsame Verfassung verfügt -in den vertraglich gesicherten Positionen zur "Europäischen Identität" (gemeinsamer "Besitzstand"), zum Demokratieverständnis und zum Gebot der Achtung der Menschenrechte beschrieben.

Die Auseinandersetzung mit den "Rechten und Pflichten des Bürgers in der Gemeinschaft" erscheint mir ein notwendiges Pflichtthema für alle, um exemplarisch in diesen Fragenkomplex einzuführen.

2. **Guter Unterricht über Europa erzieht zu einem europäischen Bewußtsein von Grenzen und Nachbarschaften in Europa, ihren Unterscheidungs- und Verbindungsfunktionen.**

Das heißt: Der Unterricht lehrt die künftigen Bürger in der Europäischen Union, die Wirklichkeit der ihn umgebenden äußeren und inneren Grenzen und der damit verbundenen Nachbarschaftsbeziehungen zu verstehen. Diese Wirklichkeit ist mit der zunehmenden Vollendung der Union durch die nächsten Stufen - Schaffung einer Wirtschafts- und Währungsunion, Einführung einer gemeinsamen Außen- und Sicherheitspolitik - einem sich fortentwickelnden Bedeutungswandel mit entsprechender Horizonterweiterung unterworfen. Trennende Grenzen, die im Innenverhältnis entfallen und mit neuen Außenverhältnissen weiterbestehen, können sich durch Erweiterung der Union bei Aufnahme neuer Mitglieder verlagern. Sie können sich schon jetzt auf verschiedenen Politikgebieten (zum Beispiel im Sicherheitsbereich) mit verschieden weitreichender Integrationswirkung überlagern. Kennzeichnend für das neue europäische Grenzbewußtsein ist im Außenverhältnis die Aufnahmebereitschaft für weitere Staaten in den Kreis der Gemeinschaft bei Erfüllung der Bedingungen der gemeinsamen Grundwerteordnung. Kennzeichnend für das Grenzbewußtsein im Innern ist die Respektierung der staatlichen Verfassung der beigetretenen Mitglieder, der Schutz der zusammengeschlossenen Völker und Nationen, ihrer kulturellen Integrität und Autonomie. Die Gemeinschaft versteht sich nicht als sozialen oder kulturellen Schmelztiegel, wenn sie freien Verkehr von Waren, Dienstleistungen, Personen und Kapital gewährleistet. Kennzeichnend bei der Gemeinsamkeit von Grundwerten, bei gemeinschaftlichen Rechtsbereichen, Einrichtungen und Symbolen ist die Multizentralität der Gemeinschaft, ihr multikultureller und polyethnischer Charakter.

Die Auseinandersetzung mit den aktuellen Beitrittsanträgen, z.B. dem Beitrittsantrag der Türkei erscheint mir ein geeignetes Wahlthema, um exemplarisch im Unterricht in diesen Fragenkomplex einzuführen.

3. Guter Unterricht über Europa erzieht zu wirtschaftlichem Handeln in Verantwortung für die Zukunft.

Das heißt: Der Unterricht lehrt den künftigen Bürger in der Europäischen Union, sich für seine Lebensversorgung, ihre individuellen und allgemeinen Grundlagen selbst- und mitverantwortlich zu wissen, sich auf ein Leben, das wesentlich durch Erwerbsarbeit bestimmt ist, vorzubereiten, aber auch die Grenzen zu erkennen, die selbst bei sozialem Ausgleich einer rein ökonomisch auf Ertragssteigerung und Wohlstandsvermehrung ausgerichteten Verhaltensweise in Hauswirtschaft, Betriebswirtschaft und Volkswirtschaft gezogen sind. Zu den Grunderkenntnissen in Wirtschaftsfragen gehört schon jetzt, daß wirtschaftliches Handeln mit der Schöpfung und den Elementen unserer Biosphäre, das heißt Wasser, Boden, Luft, verträglich sein muß. Dazu gehört, daß wirtschaftliches Handeln international sozialverträglich sein muß, daß es mit unserem Verständnis von Demokratie und Chancengleichheit verträglich sein muß.

Die Auseinandersetzung z. B. mit der Frage "Energiebedarf und Energieversorgung in Europa" erscheint mir ein besonders geeignetes Querschnittsthema, um exemplarisch in diesen zentralen Fragenkomplex einzuführen.

4. Guter Unterricht über Europa erzieht zur Dialogfähigkeit über Grenzen hinweg und zur interkulturellen Begegnung.

Das heißt: Der Unterricht in europäischen Fremdsprachen, der Erwerb der Fähigkeit zur Zwei- und Mehrsprachigkeit erlangen in unserer offenen sprachenteiligen europäischen Gesellschaft eine zunehmende Bedeutung.

Dabei geht es nicht nur um eine bessere Kommunikation mit unseren europäischen Nachbarn und ausländischen Mitbürgern. Erst die Benutzung fremder Ausdrucksmittel läßt nachhaltig auf die eigenen Ausdrucksmittel reflektieren und vermittelt ein Bewußtsein ihrer nationalen und regionalen Eigenheiten. Im Medium der Sprachen und Literaturen erschließen sich wichtige Deutungssysteme der uns umgebenden europäischen Gesamtkultur, ihrer Mannigfaltigkeit und Gemeinsamkeiten. Ein Unterricht in diesem Verständnis, zum Beispiel in bilingualen Bildungsgängen, macht besonders deutlich, in welchem Maße wir es bei unserer Allgemeinbildung mit einer national vermittelten, aber letztlich gemein-europäischen Allgemeinbildung zu tun haben.

Die Auseinandersetzung z. B. mit der Frage von Kommunikationsproblemen bei bilateralen und multilateralen Partnerschaften erscheint mir ein geeignetes Thema, um mit einem praktischen Ansatz in diesen Fragenkomplex einzuführen.

5. Guter Unterricht über Europa erzieht zur Erhaltung des inneren Friedens in Europa und zur Bereitschaft, ihn zu verteidigen.

Das heißt: Auch wenn für Europa gegenwärtig und mit der Aussicht auf Beständigkeit ein kollektives Sicherheitssystem ohne Feindbild existiert: Die Gefahren des Friedens sind nicht gebannt. Der Unterricht muß den künftigen Bürger in der Union vorbereitend lehren, daß auf die Gemeinschaft durch die veränderte Weltlage und neu entstandene Instabilitäten Herausforderungen zukommen, die nur mit der Handlungsfähigkeit der Gesamtheit aller Mitglieder der Gemeinschaft bestanden werden können. Dazu gehört nicht nur die bewährte Fähigkeit zur friedlichen Konfliktbereinigung und ihrer geduldigen Anwendung, sondern notfalls auch - und dieser Notfall ist bereits gegeben - die Bereitschaft zur militärischen Reaktion und Intervention. Die politische Bildung in den Mitgliedstaaten kann die Realität dieses Problems, das jeden vor einem eigenen Hintergrund betrifft, nicht ausblenden.

Ich zähle zu den friedensrelevanten Problemen auch unser gemeinschaftliches Verhältnis zum politischen Terrorismus und Radikalismus, der in vielen

Fällen im Hinblick auf seine Entstehensursachen nur in internationaler Solidarität erfolgreich bekämpft werden kann. Ich möchte in diesem Bereich im weiteren Sinne die Vorsorge bei Katastrophen einbeziehen. Friedensdienste und soziale Ersatzdienste haben in unserer Gesellschaft weithin nicht das Ansehen, das ihnen gebührt, auf dessen Geltung hin aber eine Erziehung zur sozialen Mitverantwortung - für beide Geschlechter m. E. eine gleiche Dienstpflicht - angewiesen ist.

Die Auseinandersetzung z. B. mit der Frage von Konfliktbewältigung und Krisenmanagement in Europa erscheint mir ein geeignetes generelles Thema, um exemplarisch in die Aspekte dieses Problemkreises einzuführen.

Die vorgetragenen Thesen sind kein Konzept einer europäischen Allgemeinbildung, das aus sehr viel umfassenderen Bezügen zu entwickeln wäre. Sie nehmen nicht einmal alle verwertbaren Bezüge in Betracht, wie sie durch den gemeinsamen "Besitzstand" gegeben sind. Ich verweise auf die europäische Beschlußlage hinsichtlich von Grundsatzfragen bei der Gesundheitserziehung, beim Übergang von der Schule in den Beruf, bei der informationstechnischen Bildung, bei den Grundkenntnissen über die europäische Völkerfamilie und ihre Geschichte. Auf allen diesen Gebieten ist ebenfalls guter Unterricht eine selbstverständliche Forderung, wenn überhaupt Erziehung in öffentlicher Verantwortung legitimiert sein will.

Trotzdem meine ich, daß die gestellten Thesen uns helfen sollten, vor allem dort gemeinsam nach Verbesserungen der Qualität von Unterricht und Erziehung zu suchen, wo wir einen Mindestkanon an Gemeinsamkeiten brauchen, diese Gemeinsamkeiten in verabredeter Weise wollen und damit auch das Recht haben, an uns gegenseitig über die Erfüllung Fragen zu stellen.

Soviel zur Einführung, die ja nicht schon selber die Antworten geben, sondern vielleicht eher die Fragen stellen soll, um die es geht. Leibniz hat gesagt: Mir fällt nicht leicht etwas ein, doch wenn einem anderen etwas einfällt, dann fällt mir leicht etwas besseres ein. Ich wünsche uns, daß wir in diesen zwei Tagen in Ludwigsfelde oft Gelegenheit haben, über die Erschließung der europäischen Dimension im Unterricht mit persönlichem Zugewinn unsere Einfälle auszutauschen. Ich bin nach dem hier versammelten Aufgebot von kompetenten und erfahrenen Schulleuten, die unserer Einladung gefolgt sind, zuversichtlich, daß uns dies gelingt.

---

1. M.Hart, The European Dimension in Education - Examples of good practice, Brussels 1992

2. Bericht der Kommission "Europa und die Problematik seiner Erweiterung", den Schlußfolgerungen des Europäischen Rates in Lissabon vom 26./27.06.1992 als Anlage beigegeben (vgl. Bulletin der Bundesregierung, Nr. 71, S. 658 vom 01.07.1992)

3. a.a.O.

"Nach Maastricht" - Zum Entwicklungsstand der Europäischen Dimension in Bildung und Erziehung auf nationaler und europäischer Ebene
Harald Kästner
Sekretariat der Ständigen Konferenz der Kultusminister der Länder in der Bundesrepublik Deutschland

1. Europa 1992

Bekanntlich führen viele Wege nach Rom, bekanntlich aber auch nicht alle. Die Erschließung der europäischen Dimension in Bildung und Erziehung ist eine Aufgabe, die nicht wenigen Kennern der Materie künstlich gestellt erscheint, da Bildung und Erziehung in Europa in einem europäischen Kontinuum stehen, das sie zumal im Hort der Schule zusammenhält. Aber gerade auch die Kenner der Materie sind sich bewußt, daß dieses Kontinuum als geistiger Zusammenhalt immer wieder von Zerstörung und Zerfall bedroht ist und daß gerade die Schule bei der Erfüllung ihres europäischen Bildungsauftrages gegenwärtig mehr denn je der Orientierung und Unterstützung bedarf.

Europa steht 1992 in einem Prozeß der Veränderung seiner Innen- und Außenbeziehungen, der allen Europäern neue Erfahrungen vermittelt und neue Einstellungen abverlangt. Nach Jahrzehnten der Spaltung Europas rücken die europäischen Völker und Staaten erstmals wieder ungehindert zusammen, ohne politische Gräben und Sperren, ohne ideologische Frontstellung oder Blockbildung. Die Europäische Gemeinschaft hat sich für die Mehrheit der Staaten Europas als ihr gemeinsames politisches Zukunftsmodell erwiesen. Sie hat auf der Ebene der Regierungen den Weg zur Europäischen Union beschlossen. Es ist nun an den Völkern, die diesen Weg gehen wollen, den für ihr Zusammenleben geöffneten Raum durch demokratisch bestimmtes Wollen verträglich neuzugestalten. Was bei dem Werk an Vollendung vor allem fehlt, an Geschlossenheit nicht nur in der Konfession, sondern auch im Handeln, damit eine glaubwürdige, dauerhafte und souveräne europäische Friedensordnung besteht, damit Demokratie und Rechtsstaatlichkeit, Freiheit und Menschenwürde sich in Europa behaupten, ist nicht wenig. Um die gesetzten Ziele zu erreichen, müssen wir uns wohl noch in mancher Auseinandersetzung bewähren. Vielleicht stehen wir auch, was das Gelingen der inneren Einigung Deutschlands angeht, erst am Anfang der Probleme und der Bewährung als Nation.

Es ist das besondere Ziel der Mitgliedstaaten der Europäischen Gemeinschaft wie des Europarates, den Bürgern in Europa das Bewußtsein ihrer Zusammengehörigkeit zu vermitteln und bereits die junge Generation für die praktische Beteiligung an der europäischen Einigung und am Zusammenwachsen Europas zu gewinnen. Die Vorgaben für diese Aufgabe sind in Deutschland und in Europa in jüngster Zeit in bedeutsamer Weise weiter konkretisiert und präzisiert worden.

Die Kultusminister und -senatoren der Länder haben mit Beschluß der Kultusministerkonferenz vom 07.12.1990 ihre Empfehlung "Europa im Unterricht" fortgeschrieben und aktualisiert.

Sie haben mit Beschluß der Kultusministerkonferenz vom 08.11.1991 einen Gemeinsamen Bericht der Länder zur Umsetzung der Entschließung der EG-Bildungsminister vom 24.05.1988 "Zur Europäischen Dimension im Bildungswesen" vorgelegt.

Die Europäische Erziehungsministerkonferenz hat mit Beschluß vom 17.10.1991 eine Resolution über "Die Europäische Dimension im Bildungswesen: Unterricht und Lehrplaninhalte" mit Empfehlungen zur Umsetzung an den Europarat angenommen.

Die Mitgliedstaaten der Europäischen Gemeinschaft schließlich haben mit ihrem Beschluß vom 07.12.1991 über die Gründung einer Europäischen Union Fördertätigkeiten im Bildungsbereich ergänzend als Gemeinschaftszweck in das Einigungswerk aufgenommen. Dabei handelt es sich u. a. speziell um die Entwicklung der europäischen Dimension im Bildungswesen der Mitgliedstaaten.

2. Der Vertrag über die Europäische Union

Von vorrangigem Interesse, was diese Vorgaben angeht, ist hier natürlich der Vertrag über die Europäische Union, der am 07.12.1991 in Maastricht paraphiert worden ist und der den Mitgliedstaaten gegenwärtig zur Ratifizierung vorliegt.

Die deutsche Seite hat sich am Zustandekommen des Vertrages maßgeblich

beteiligt. Der Vertrag soll einen wesentlichen und erwünschten Schritt in Richtung auf einen europäischen Bundesstaat darstellen. Für die Länder in der Bundesrepublik Deutschland hat dabei speziell mit Blick auf den Bildungs- und Kulturbereich, für den sie ja eigene Zuständigkeit haben, ein doppeltes Interesse im Vordergrund gestanden:
(1.) Das Interesse an vertraglich gesicherten Fortschritten der Integration mit der Handhabe, den Prozeß der Gemeinschaftsbildung durch Gemeinschaftsprogramme im Bildungs- und Kulturbereich zu fördern, und
(2.) das Interesse an Fortschritten einer Integration mit föderalem Charakter durch vertragliche Sicherung der verfaßten Eigenverantwortlichkeit der Mitgliedstaaten speziell im Bildungs- und Kulturbereich.

Wie Baden-Württemberg als Vorsitzland für das Jahr 1992 der von den Ländern eingerichteten Europakommission hervorgehoben hat, ist festzustellen: Nach dem Vertrag von Maastricht sind die Tätigkeitsbereiche der neuen Union der eines Bundesstaates vergleichbar. Gab es bisher nur eine Wirtschaftsgemeinschaft, so kommen jetzt Außenpolitik, Sicherheitspolitik, Innen- und Justizpolitik, Kultur- und Bildungspolitik sowie Währungspolitik als vergemeinschaftete Bereiche dazu. Bei der Demokratisierung gibt es Fortschritte. Die Gemeinschaft ist einem Zwei-Kammer-System (mit Rat und Europäischem Parlament) näher gerückt; dazu kommt die Einrichtung eines beratenden Ausschusses der Regionen. Das Verhältnis zwischen Kommission und Europäischem Parlament ist dem zwischen einer Regierung und einem Parlament angenähert. Zwischen der Union und ihren Bürgern besteht durch Einführung der Unionsbürgerschaft ein rechtlich begründetes Grundverhältnis mit Identifikationswert für den einzelnen. An die Unionsbürgerschaft ist das Wahlrecht zum Europäischen Parlament, das Kommunalwahlrecht und ein europaweites Aufenthaltsrecht geknüpft. Von besonderer Bedeutung, wie von Baden-Württemberg weiter betont, ist die Aufwertung der regionalen Ebene. Sie wird hervorgehoben durch das Subsidiaritätsprinzip: Nur wenn ein Ziel der Gemeinschaft auf der Ebene der Mitgliedstaaten nicht ausreichend erreicht werden kann, darf die Gemeinschaft tätig werden. Ferner durch den Ausschuß der Regionen. Er hat wie der Wirtschafts- und Sozialausschuß beratende Funktionen. Er soll für die Bundesrepublik Deutschland mit Ländervertretern besetzt werden. Schließlich durch die Möglichkeit, daß

Landesminister im Rat einen Mitgliedsstaat vertreten. Damit wird z. B. bei den Sitzungen des Bildungsministerrates künftig für die Bundesrepublik Deutschland anstelle des Bundesministers für Bildung und Wissenschaft der Präsident der Kultusministerkonferenz die Belange der innerstaatlich zuständigen Stellen wahrnehmen können.

Durch den Vertrag wird inhaltlich festgelegt, was uns hier ressortspezifisch besonders interessiert, daß sich die Tätigkeit der Gemeinschaft ergänzend zu den bisherigen Tätigkeiten auch auf
- "einen Beitrag zu einer qualitativ hochstehenden allgemeinen und beruflichen Bildung ... " (Buchstabe p des Tätigkeitskataloges)

erstreckt. Von den übrigen Tätigkeitsgebieten reichen, was im Zusammenhang des Tätigkeitskataloges nicht ausdrücklich erwähnt wird, in dieses neue Gebiet hinein:
- "eine Politik auf dem Gebiet der Umwelt" (Buchstabe k)
- "ein Beitrag zur Erreichung eines hohen Gesundheitsschutzniveaus" (Buchstabe o) sowie
- "ein Beitrag zur Verbesserung des Verbraucherschutzes" (Buchstabe s).

Diese Beiträge sind durch geltende EG-Richtlinien bekanntlich alle bereits auch auf bildungsrelevante Maßnahmen ausgelegt.
Nach dem Vertrag betrifft die Tätigkeit der Gemeinschaft im Bereich der allgemeinen Bildung anders als im Bereich der beruflichen Bildung nicht deren Politik, also nicht die allgemeine Schulpolitik im ganzen, sondern richtet sich mit Fördermaßnahmen auf bestimmte Zielgebiete. In dem neuen Artikel 126 sind folgende sechs Zielgebiete festgelegt:
- "Die Entwicklung der europäischen Dimension im Bildungswesen, insbesondere durch Erlernen und Verbreitung der Sprachen der Mitgliedstaaten",
- "die Förderung der Mobilität von Schülern und Lehrern",
- "die Förderung der Zusammenarbeit zwischen den Bildungseinrichtungen", d.h. den Schulen, pädagogischen Institutionen und Einrichtungen der Lehrerbildung,
- "den Ausbau des Informations- und Erfahrungsaustausches über gemeinsame Probleme im Rahmen der Bildungssysteme der Mitgliedstaaten"

- "die Förderung des Jugendaustausches und des Austausches sozialpädagogischer Betreuer",
- "die Förderung der Entwicklung des Fernunterrichts".

Wer sich in der Materie auskennt, weiß, daß mit einer Gemeinschaftstätigkeit auf den genannten Zielgebieten nicht neue Tätigkeiten konstituiert, sondern gewachsene Tätigkeiten vertragsrechtlich kodifiziert und legitimiert werden.

Es ist natürlich nicht ohne Grund, daß der Gemeinschaft durch den Vertrag nicht ebenso für die allgemeine Bildung wie für die berufliche Bildung Politikkompetenzen eingeräumt werden. Die Mitgliedstaaten entziehen damit jeder Deutung den Boden, daß sie geneigt sein könnten, etwaigen bundesstaatlichen Tendenzen und zentralistischen Neigungen in der Verwaltung der Gemeinschaft und ihren Körperschaften zur Integration des gesamten Bildungswesens Vorschub zu leisten und dabei die mitgliedsstaatlichen Gewalten zu schwächen.

Umgekehrt gilt freilich zugleich, einem möglichen entgegengesetzten Mißverständnis entgegenzutreten, als gäbe es nicht einen Grundkonsens über das politische Postulat, das hinter den genannten Fördertätigkeiten steht. In der Gemeinschaft, unter den Gemeinschaftsstaaten, jedenfalls auf der Ebene der Regierungen und des Europäischen Parlaments, gewiß auch beim Europäischen Gerichtshof, besteht Grundkonsens über zwei Komplexe von Anforderungen speziell an den Bildungsbereich in der Gemeinschaft und an das nationale Bildungswesen der Gemeinschaftsstaaten. Erwartet wird ein Beitrag erstens zum Zusammenhalt der Gemeinschaft und zweitens zur Angleichung der Lebensverhältnisse in der Gemeinschaft. Die Leistung des ersten Beitrages steht unter dem Aspekt der europäischen Bezüge von Bildung und des Bildungswesens, der Dialogbereitschaft mit den Nachbarstaaten und Dialogfähigkeit zwischen den Nachbarvölkern, der Dialektik zwischen den nationalen Systemen und dem sie umgebenden europäischen Ganzen. Zu den Leistungen des zweiten Beitrages würde ich mit deutschen Formeln sagen: Es geht um die notwendige Abstimmung bei der Bewältigung von Zukunftsaufgaben, an denen die Schule in Europa Anteil hat, um die gebotene funktionale Symmetrie unter den nationalen Bildungssystemen bei der Vermittlung von allgemeiner und beruflicher Bildung, um die notwendige Korrespondenz zur Herstellung von Wechselwirkung zwischen den nationalen Bildungs- und Beschäftigungssystemen.

Diese Postulate sind in einer Vielzahl von Grundsatzbeschlüssen der Gemeinschaft niedergelegt. Es würde den Rahmen meines Konzepts hier sprengen, wollte ich diese Politik und ihre Maßnahmen, deren Konkretisierung auch stark unter nationalen Bedürfnissen zu sehen ist, genauer darstellen und exemplifizieren. Ich will zu beiden Anforderungskomplexen nur einige Stichworte geben:

Auf den Zusammenhalt in den Außenbezügen richten sich im Rahmen der angestrebten Erziehung zum Bürger in der Gemeinschaft vor allem die vereinbarten Maßnahmen
- zur Diversifizierung und Intensivierung des Fremdsprachenunterrichts,
- zur Einführung in den politischen und Lebensraum der Gemeinschaft,
- zur Begegnung mit der Kultur und Geschichte der europäischen Nachbarn,
- zum Austausch und zu bilateraler und multilateraler Projektarbeit.

Auf die Angleichung der Lebensverhältnisse in der Gemeinschaft beziehen sich nach dem Stand der Absprachen im EG-Bildungsministerrat vor allem die Maßnahmen zu Fragen der
- Grundbildung und Reduzierung des schulischen Mißerfolges,
- der informationstechnischen Bildung,
- der Wirtschafts- und Verbrauchererziehung,
- der Gesundheitserziehung,
- der Erziehung zum Umweltschutz,
- des Übergangs von der Schule in den Beruf,
- der Förderung von besonderen Problemgruppen in der Schule (ausländische Schüler, Kinder von Binnenschiffern und Zirkusangehörigen, Mädchen), schließlich
- der Vergleichbarkeit und Anerkennung von Bildungs- und Ausbildungsabschlüssen einschließlich in der Lehrerbildung.

3. Aktionen, Untersuchungen, Berichte

Wie sich das Vertragswerk von Maastricht im Bildungsbereich auf die weitere Zusammenarbeit der Mitgliedsstaaten untereinander und mit der EG-Kommission sowie auf die weitere Entwicklung des nationalen und europäischen Bildungswesens auswirken wird, bleibt abzuwarten. Zur Zeit sind in Bund und Ländern auf deutscher Seite die Juristen dabei, im Rahmen der Vorbereitung der Ratifizierung die rechtlichen Schlußfolgerungen zu prüfen. Eine inhaltliche Auswertung des Vertrages hinsichtlich des neuen europäischen Überbaus, was Ziele, Grundsätze, gemeinsame Strukturelemente, gemeinsame Inhalte, Standards und Qualifikationen angeht, ist meines Wissens in keinem Mitgliedstaat Gegenstand politischer Analysen oder beabsichtigter Initiativen. Erwartungen in diese Richtung vertragen sich wohl auch nicht mit der gerade durch den Vertrag demonstrativ befestigten Leitnorm (in Ziffer 1 von Artikel 126), wonach "Die Gemeinschaft zur Entwicklung einer qualitativ hochstehenden Bildung dadurch beiträgt, daß sie die Zusammenarbeit zwischen den Mitgliedsstaaten fördert und die Tätigkeit der Mitgliedsstaaten unter strikter Beachtung der Verantwortung der Mitgliedsstaaten für die Lehrinhalte und die Gestaltung des Bildungswesens sowie der Vielfalt ihrer Kulturen und Sprachen erforderlichenfalls unterstützt und ergänzt."

Wenn die Gemeinschaft eine Zuständigkeit im Bildungswesen vor vollzogener Ratifizierung des neuen Vertrages ohne Legitimation lediglich beansprucht hat, so ist die Gemeinschaft **nach** vollzogener Ratifizierung freilich nun zu Tätigkeiten aus eigener Zuständigkeit ermächtigt. Die Interventionen können zentral und dezentral erfolgen.

Die Gemeinschaft fördert schon jetzt mit Geld, durch Aktionen, durch Untersuchungen und Berichte. Sie hilft nach durch Entschließungen, notfalls durch Richtlinien und Rechtsprechung. Einige Erläuterungen zur Praxis dieser Förderung dürften angebracht sein:

Zunächst zum Geld:
Die Finanzmittel der Gemeinschaft für Aufgaben im Bildungsbereich waren bislang bescheiden. Sie sind es tatsächlich, gemessen an den Förderdimensionen, weiterhin. Aber die Mittel fließen seit kurzem mit vielfachen Steigerungsraten. Sie stellen Anreize dar, die in der neuen Größenordnung schon zu Abfluß- und Regulierungsproblemen bei den nationalen Abnehmerstellen führen - etwa im Bereich des Schüler- und Lehreraustauschs -, weil sie mit meist hälftigen Mitfinanzierungen verbunden sind. Wenn das Geld der große Beweger ist, durch den alles zu allem kommt, so stehen die Länder in der Bundesrepublik Deutschland dabei speziell vor der Frage, wie sie künftig ihren eigenen Mitteleinsatz bedarfsdeckend aufrechterhalten und zugleich an der europäischen Zuteilung und Umverteilung teilnehmen.

Zu den Aktionen:
In dem uns hier interessierenden Bereich des Bildungswesens (ohne Hochschule, Berufsausbildung, Fort- und Weiterbildung) sind drei Aktionsprogramme hervorzuheben:
- Das LINGUA-Programm zur Förderung des Fremdsprachenlernens in der Gemeinschaft;
- Das ARION-Programm für den Austausch von Bildungsexperten;
- Das EURYDICE-Bildungsinformationsnetz, das 1976 zusammen mit dem generellen Aktionsprogramm für eine Zusammenarbeit im Bildungswesen eingerichtet wurde. Es dient dem Austausch über Bildungsfragen zwischen amtlichen Stellen der Gemeinschaft.

Ich akzentuiere auch hier in Kürze Vorteile und Probleme.

Das LINGUA-Programm sieht Maßnahmen zur Lehrerfortbildung vor, zur Förderung von Sprachstudenten, zur Förderung von Fremdsprachen in der Wirtschaft, zum Fremdprachenlernen in der Berufsbildung. Die Förderung steht vorrangig im Dienst erhöhter Mobilitätschancen für Arbeitnehmer, einschließlich von Lehrern, auf dem Arbeitsmarkt der Europäischen Wirtschaftsgemeinschaft. Sie steht zugleich im Dienst einer verbesserten Chancengerechtigkeit für die als Fremdsprachen weniger unterrichteten und weniger verbreiteten als Sprachen der Mitgliedsstaaten der Gemeinschaft.

Für die Fremdsprachenpolitik der Länder im allgemeinbildenden Schulwesen erwachsen aus dem Programm bei der Wechselwirkung von Fördergrundsätzen und Qualifikationszielen natürlich neue Ausgewogenheitsprobleme und Herausforderungen, d. h.: Praktische Kompetenz wird künftig noch stärker Kriterium des individuellen Bildungsprofils. Kulturelle Minderheiten in den Mitgliedsstaaten verlangen Schutzgarantien für ihre Sprachen auf Gegenseitigkeit. Die Grenzen zwischen allgemeiner und beruflicher Bildung - für die übrigen Mitgliedsstaaten ohnehin nicht von der Unterscheidungsbedeutung wie noch in Deutschland - werden noch stärker auch unter dem Druck von Gleichwertigkeitsforderungen fließend.

Das ARION-Programm macht durch seine organisierten Informationsbesuche in den Mitgliedsstaaten Bildungsexperten, vor allem Schulverwaltungsbeamte mit dem Schulwesen der Mitgliedsstaaten bekannt. Es entwickelt sich zunehmend zu einem Programm auf verabredeten Schwerpunktgebieten, z. B. Sonderschulwesen, interkulturelle Erziehung, informationstechnische Bildung. Der informatorische Begleit- und Verarbeitungsaufwand des Programms ist hoch, der Zugewinn für die Teilnehmer unstreitig groß, der Transfernutzen dürfte sich freilich in Grenzen halten.

Das EURYDICE-Bildungsinformationsnetz der Gemeinschaft verbindet die nationalen Informationszentralen der Mitgliedsstaaten miteinander und steht auf Anfragen amtlicher Stellen zum Informationsaustausch zur Verfügung. Es fungiert auch selber als Zentralstelle auf europäischer Ebene für die Veröffentlichung von Untersuchungsergebnissen und Berichten. Wer das Netz amtlich benutzt hat, weiß, daß die Antworten, die zurücklaufen, von recht unterschiedlichem Wert sind. Bedienungsmentalität und -qualität differieren erheblich. Die Datensysteme der Absender sind nicht vergleichbar justiert. Sie können nur in dem Umfang und nach Maßgabe verfügbarer Daten Leistungen erbringen. In vielen Fällen sind deshalb eigene Recherchen, vor allem der nationalen Eurydike-Stellen, unerläßlich. Die EG-Kommission, ist natürlich daran interessiert, die Brauchbarkeit des Netzes zu verbessern. Angesichts der bestehenden technischen Möglichkeiten ist dies kein Problem; angesichts der Strukturunterschiede zwischen den Mitgliedsstaaten etwa schon auf dem Gebiet der Beschäftigungs- und Besoldungsverhältnisse der Lehrer stehen solchen Problemlösungen aber gerade dort, wo der Informationsbedarf wechselseitig am größten ist, schwierigste Hindernisse im Wege.

Zu den Untersuchungen und Berichten:
Die Gemeinschaft hat seit Beginn der formellen Zusammenarbeit im Bildungsbereich (1976) ein wachsendes Interesse an Informationen über die Gegebenheiten des Bildungswesens in den Mitgliedsstaaten entwickelt. Der Bedarf an Untersuchungen zu gemeinsamen Problemfragen auf Gemeinschaftsebene ist seitdem entsprechend gestiegen. Die Bestände an Informationsvorräten dürften schon jetzt die Verarbeitungskapazitäten in den Mitgliedsstaaten und eine kritische Auseinandersetzung damit überschritten haben. Aus deutscher Sicht - auch wenn man das amtlich, wenn überhaupt, sehr zurückhaltend reflektiert - ermangelt die Untersuchungstätigkeit der Gemeinschaft im ganzen vielfach der differenzierten Maßstabsgerechtigkeit, die gerade für den Zweck der Politikberatung der Mitgliedsstaaten unerläßlich ist. Bei einem Arbeitstreffen der Vertreter des Zentrums für europäischen Bildung (1989) in Brüssel hat der Leiter der zuständigen Arbeitseinheit der EG-Kommission in meiner Anwesenheit vor dem Kreis erklärt, daß die Kommission über die Zahl der Schulversager in der Gemeinschaft besorgt sei, sie liege bei 30 %. Ich habe bemerkt, daß die Zahl für Deutschland nicht entfernt zutreffend sei. Sie läge bei unter 5%. An der Feststellung des gemeinschaftsweit persönlich hoch angesehenen Kommissionsvertreters war für seine amtliche Einstellung typisch, vom regional größten vorfindbaren Defizit auszugehen, um überregional das Tätigwerden der Gemeinschaft zu begründen, ohne zugleich nach der Repräsentativität der angesprochenen Mängel zu fragen. In einer jüngsten Stellungnahme des Beratenden Komitees der Gemeinschaft für Industrieforschung und Entwicklung (IRDAC) zum Thema "Qualifikationsdefizite in Europa" (Zusammenfassung, Seite 2) ist zu lesen, daß die Revolution im Informationswesen einen Großteil der herkömmlichen allgemeinen und beruflichen Bildung überflüssig bzw. irrelevant macht. Ich weiß nicht, ob der Modernisierungsbedarf in der beruflichen Bildung für Deutschland eine so undifferenzierte Aussage rechtfertigt. Für die allgemeine Bildung finde ich diese Feststellung gewissermaßen a priori unsinnig. Wenn die Untersuchungs-

tätigkeit der Kommission ernst genommen werden will, und wer wollte dies nicht wünschen, kann sie dies nur mit der verantwortlichen Mitwirkung der zuständigen Stellen in den Mitgliedsstaaten erreichen. Zu einer solchen Verfahrenspraxis müssen wir noch kommen.

Zu den Entschließungen und Richtlinien:
Die Gemeinschaft hat in den 16 Jahren der aktiven Zusammenarbeit im Bildungsbereich mit zwei politisch bindenden Richtlinien (1977: Zum Unterricht für Kinder ausländischer Arbeitnehmer, 1989: Zur Anerkennung der Lehramtszeugnisse im Zusammenhang der Anerkennung von Hochschulabschlüssen für eine Berufstätigkeit) insgesamt eher zurückhaltend interveniert. Die zahlreichen Entschließungen zu Modernisierungsfragen der allgemeinen und beruflichen Bildung haben keinen bindenden, sondern Empfehlungscharakter. Sie bilden einen wichtigen Fundus für die Herstellung eines Grundbestandes von politischen Gemeinsamkeiten ("l'acquis communautaire") in der Auffassung von Angleichungen an das Niveau auf Gemeinschaftsebene. Ihre Nützlichkeit wird aus deutscher Sicht in den meisten Fällen freilich auch nur bei Anlegen gemeinschaftsbezogener Maßstäbe und Interessen eine angemessene Würdigung erhalten.

Zur Rechtsprechung:
Verschiedene Entscheidungen des Europäischen Gerichtshofes zu Kompetenzfragen der Europäischen Gemeinschaft im Bildungswesen haben vor dem Vertrag von Maastricht die Sorge genährt, daß Kompetenzverlagerungen zugunsten der Gemeinschaft mit Auswirkungen auf den gesamten Sekundarbereich des Schulwesens auf Dauer unabwendbar sind. Nach dem Vertrag von Maastricht scheint diese Sorge weitgehend gebannt, aber erst die weitere Entwicklung wird lehren, wie eigenständig sich die Bildungspolitik der Mitgliedsstaaten gegenüber dem Sog einer Vergemeinschaftung mit dominanter Orientierung an der Wirtschafts- und Arbeitsmarktpolitik behaupten kann.

Ein Instrument von großer Bedeutung für die gegenseitige Information und für Schlußfolgerungen ist die Berichterstattung über die Umsetzung von Politikvereinbarungen im Rahmen der EG-Zusammenarbeit im Bildungswesen. Für die Grundberichte sind die Mitgliedsstaaten selber zuständig und verantwortlich. Ich möchte am Beispiel der Berichterstattung über die Umsetzung der Entschließung "Zur europäischen Dimension im Bildungswesen" vom 24.05.1988 zugleich zu den spezielleren Aspekten meines Themas übergehen.

4. Die Berichte zur Umsetzung der Entschließung "Zur europäischen Dimension im Bildungswesen"

Wer wissen will, wie es in der Europäischen Gemeinschaft um die Vermittlung der europäischen Dimension im Unterricht bestellt ist und was darunter aus der Sicht der zuständigen Ministerien verstanden wird, kann an deren Berichten zur Umsetzung der Entschließung vom 24.05.1988 nicht vorbeigehen. Die Sammlung der Berichte in einem Dokument der EG-Kommission zusammen mit dem (eingangs erwähnten) nachträglich vorgelegten Gemeinsamen Bericht der Länder in der Bundesrepublik Deutschland vermittelt das erste Gesamtbild der Lage und ist eine erstklassige Quelle zum Vergleichen. Der Berichterstattung liegt ein gemeinsames Gliederungsschema zugrunde. Es ist schon für sich von Interesse, wie von den Partnern damit umgegangen worden ist - ich sage das nicht kritisch bewertend, sondern unterscheidend. Die Wahrnehmung der Europäer von Europa und seiner europäischen Dimension in den Materien der allgemeinbildenden Schulen hat offensichtlich mindestens so viele Varianten, wie es nationale Standpunkte gibt. Bei allen Gemeinsamkeiten in den Grundmaterien ist deren Aufbereitung durch Überlieferung, historische und aktuelle Rahmenbedingungen immerhin auch nicht wenigstens in zwei Mitgliedsstaaten gleich und hat als gemeinsamen Nenner auf inhaltlicher Ebene eigentlich nur die verabredeten technisch-strukturellen Orientierungen. Aus deutscher Sicht liegt der Informationswert der Berichte dessenungeachtet gerade darin, daß sie die vereinbarte Einheitlichkeit des politischen Willens in den Mitgliedsstaaten beleuchten, sich bei verabredeten Anstrengungen auch vergleichbar zu verhalten.

Bermerkenswert in diesem Zusammenhang ist: Die Mitgliedsstaaten haben mit der Entschließung vom 24.05.1988 unter dem Stichwort "Einbeziehung der Europäischen Dimension in die Bildungssysteme" als erstes gemeinsames Ziel (A 11) die "Darlegung ihrer jeweiligen Leitvorstellungen über Ziele und Wege zur Vermittlung der europäischen Dimension im Bildungswesen in einem Dokument und dessen Bereitstellung für ihre Schulen und anderen Bildungseinrichtungen" angenommen. Von den zwölf Mitgliedsstaaten sind fünf diesem speziellen Zielpunkt der Vereinbarung bis 1991 nachgekommen: Portugal, die Niederlande, Deutschland, Luxemburg, Belgien (französischsprachiger Landesteil). Vier Staaten verweisen auf Schwierigkeiten aufgrund laufender Reformen des Bildungswesens: Großbritannien, Irland, Spanien, Belgien (flämischer Landesteil). Drei Staaten haben nicht die Absicht, ein entsprechendes Dokument zu erstellen und zur Verteilung zu bringen: Frankreich, Italien und Dänemark.

Der deutsche Standpunkt in der angesprochenen Frage, um was es bei der Erschließung der europäischen Dimension im Bildungswesen inhaltlich gehen soll, ist bekanntlich in der Empfehlung der Kultusministerkonferenz vom 07.12.1990 über "Europa im Unterricht" dargelegt. Ich meine, die Deutschen haben sich in ihrer Empfehlung und in ihrem Bericht als einziger Mitgliedsstaat den politisch und pädagogisch gestellten Fragen der Thematik Punkt für Punkt gestellt und diejenigen Antworten gegeben, die vor der politischen und Schulöffentlichkeit gegeben werden müssen, soweit sie gegeben werden können. Dabei geht es bekanntlich nicht nur um Vermittlungsprobleme; das können die pädagogischen Fachleute aus den Schulverwaltungen selber leisten. Es geht ganz wesentlich auch um die inhaltliche Verfügbarkeit von Sachverhalten, beginnend z. B. bei dem Modell der politischen Verfassung Europas. Aus den Berichten wird gerade hierzu deutlich, daß vieles von dem, was von der inneren und äußeren Verfassung Europas in die Schule soll, bei dem allgemeinen Stand der Politik über Europa und der politischen Bildung in den Mitgliedsstaaten in einem für pädagogische Zwecke noch viel zu wenig gefestigten Zustand ist.

5. Der neu bewertete Maßstab "Europäische Dimension"
Ich möchte hier nicht nachzeichnen, was in der Empfehlung der Kultusministerkonferenz über "Europa im Unterricht" und zumal in dem deutschen

Bericht über seine Umsetzung nachlesbar ist. Ich möchte aber aus dem Gesamtkomplex, in dem der neu bewertete Maßstab "Europäische Dimension" in unserem Schulwesen neue Wirkung zeigt, zwei Bereiche hervorheben und diese kurz beleuchten: (1.) Die europäisch besonders geprägten Bildungsgänge und (2.) die europäischen Komponenten in der Lehrerbildung.

(1.) Die europäisch besonders geprägten Bildungsgänge:
Die Kultusministerkonferenz hat in ihrer Stellungnahme "... auswärtige Kulturpolitik ..." (Beschluß der KMK vom 23.11.1978) festgestellt: "Die Länder haben in der Vergangenheit die Schaffung von Bildungswegen aktiv gefördert, die besonderen bikulturellen oder europäischen Bedürfnissen Rechnung tragen. Dazu gehören die Europäischen Schulen, die sogenannten bikulturellen Schulen und bikulturellen Einrichtungen an Schulen. Die Länder setzen sich für die Förderung und weitere Verbreitung dieser besonderen Bildungswege im Interesse der Förderung des europäischen und internationalen Bewußtseins und der engeren Verflechtung zwischen den Kulturen ein". Diese Feststellung ist bis heute gültig. Die Kultusministerkonferenz hat in dem gleichen Zusammenhang erklärt, daß in den zweisprachigen Gymnasien Ansätze gegeben sind, die von den Ländern bewußt weiterverfolgt werden. Auch diese Erklärung läßt sich aus der Entwicklung nur bestätigen. Die Zahl der zweisprachigen Züge an Sekundarschulen ist in Deutschland von 27 im Schuljahr 1978/79 auf 126 im Schuljahr 1991/92 gestiegen. Neben 67 deutsch-englischen Zügen in neun Ländern (in Baden-Württemberg: 4, Berlin: 2, Bremen: 3, Hamburg: 1, Hessen: 2, Niedersachsen: 12, Nordrhein-Westfalen: 30, Rheinland-Pfalz: 11, Schleswig-Holstein: 5) gibt es 52 deutsch-französische Züge in neun Ländern (in Baden-Württemberg: 6, Bayern: 2, Berlin: 1, Hamburg: 1, Hessen: 3, Niedersachsen: 2, Nordrhein-Westfalen: 16, Rheinland-Pfalz: 15, Saarland: 6). Dazu kommen zwei deutsch-spanische Züge in zwei Ländern (Berlin, Nordrhein-Westfalen), zwei deutsch-russische Züge in zwei Ländern (Berlin, Nordrhein-Westfalen), zwei deutsch-italienische Züge in einem Land (Nordrhein-Westfalen) und ein deutsch-niederländischer Zug in einem Land (Nordrhein-Westfalen). Für Polnisch und für Tschechisch wird von Sachsen eine entsprechende Möglichkeit an je einem Standort geprüft. Für Portugiesisch ist die Prüfung der Möglichkeiten eines bilingualen Zuges generell mit

der portugiesischen Seite vereinbart.

Charakteristisch für die zweisprachigen Züge in allen Ländern ist bekanntlich - mit Varianten der Organisation, die hier belanglos sind - ein verstärkter Unterricht in der Partnersprache als Fremdsprache und die Benutzung derselben als Unterrichtssprache in mindestens einem weiteren wissenschaftlichen Fach. Aus den zweisprachigen deutsch-französischen Zügen an Gymnasien bzw. Lycées wird z. Zt. im Wege eines gemeinsamen deutsch-französischen Schulversuchs ein binational anerkanntes Qualifikationsmodell zum gleichzeitigen Erwerb der deutschen allgemeinen Hochschulreife und des französischen Baccalauréat entwickelt. Der Unterricht findet auf der Grundlage gemeinsamer Lehrpläne statt. Die Abitur- bzw. Baccalauréatprüfung wird von einer gemeinsamen deutsch-französischen Prüfungskommission abgenommen. Bei den deutsch-französischen Konsultationen am 21./22.05.1992 in La Rochelle ist vereinbart worden, daß außer den drei deutschen Gymnasien in Deutschland und einem französischen Lycée in Frankreich ab dem Schuljahr 1992/93 zwei weitere französische Lycées in Frankreich an dem Schulversuch teilnehmen. Nach den jüngsten deutsch-französischen Absprachen sind die Umwandlung des erfolgreichen Projekts in ein Regelangebot im deutschen und französischen Schulwesen und sein Ausbau vorgesehen.

Wenn die Kultusministerkonferenz 1978 in dem genannten Zusammenhang festgestellt hat, daß der Einrichtung weiterer Europäischer Schulen Grenzen gezogen sind, so ist dies nur insofern weiterhin zutreffend, als damit die nach dem Statut für die Europäischen Schulen von den Mitgliedsstaaten der Gemeinschaft gemeinsam getragenen Einrichtungen gemeint sind. Ihre Zielsetzung und Organisation würde sich auch kaum auf innerdeutsche Verhältnisse übertragbar gestalten.

Die Bezeichnung "Europäische Schulen" findet seit jüngstem im Wege von Schulversuchen nach Vorstellung der Länder aber auch auf deutsche Schulen Anwendung. Ich kann dazu auf folgende Modelle hinweisen (in der Reihenfolge der Länder):

- Schulversuch "Europäisches Gymnasium" in Bayern:
  Der Versuch wird z. Zt. an fünf Gymnasien eingerichtet. Sein Hauptanliegen ist die Betonung des fremdsprachlichen Profils bei gleichzeitiger Verstärkung der Naturwissenschaften im Verhältnis zu den regulär sprachlich geprägten Gymnasien. Dabei soll erprobt werden, ob ein neunjähriges Gymnasium, das die klassischen Fächer der Allgemeinbildung, insbesondere auch die Fremdsprachen, verstärkt betont und im Hinblick auf die im vereinten Europa geforderten Qualifikationen erhöhte Anforderungen stellt, öffentlich angenommen wird und einen Beitrag zur Verbesserung der allgemeinen Studierfähigkeit leisten kann.

- Schulversuch "Staatliche Europaschule Berlin" (SESB):
  Der Schulversuch beginnt mit dem Schuljahr 1992/93 an sechs Grundschulstandorten. Die Fortsetzung im Oberschulbereich ist gesichert. Hauptanliegen ist es, die Schüler zu einer höchstmöglichen Sprachbeherrschung in zwei europäischen Verkehrssprachen zu führen (alternativ zunächst Englisch, Französisch, Russisch). In der SESB wird durchgehend zweisprachig unterrichtet. Die Begegnung mit der Partnersprache beginnt ab Klasse 2. Unterricht in der ersten Fremdsprache erfolgt ab Klasse 5. Die erste Fremdsprache kann Englisch, Französisch, Russisch oder Spanisch sein. Sie muß zwingend eine andere als die Partnersprache sein. Neben der partner- und fremdsprachlichen Komponente ist die europäische Dimension ein übergreifendes Unterrichts-und Schulprinzip der SESB.

- "Europaschulen" und "Arbeitsverbund Europaschulen" in Hessen:
  In Hessen werden zum Schuljahr 1992/93 fünf "Europaschulen" eingerichtet, vierzehn weitere Schulen sollen einem assoziierten "Arbeitsverbund Europaschulen" angehören. Bestimmung der "Europaschulen" ist es, die Zusammenarbeit mit Partnerschulen und Organisationen im europäischen Ausland zu intensivieren. Sie sollen allen ihren Schülerinnen und Schülern die Möglichkeit bieten, in der Sekundarstufe I und II insgesamt ein Jahr im Ausland zu verbringen. Die Zusammenarbeit soll projekt- oder themenbezogen sein, sie soll multilateral sein, und sie soll "das etablierte Dreieck" Frankreich - Großbritannien - Deutschland

überschreiten und andere Länder Europas einbeziehen, insbesondere die Länder Mittel- und Osteuropas. Die aus dem Kreis von Bewerbern ausgewählten Schulen entsprechen am deutlichsten dem vorgegebenen Anforderungsprofil.

- Schulversuch "Europäische Schule" in Nordrhein-Westfalen:
  Der Modellversuch wird an einer Gesamtschule durchgeführt. An der Schule werden vier lebende Fremdsprachen angeboten (Englisch ab Klasse 5, Französisch ab Klasse 7, Spanisch und Russisch ab Klasse 9). Zu den Schwerpunkten des Versuchs gehören:

  - Ausgestaltung der internationalen Kontakte,
  - Handlungsorientierung des Fremdsprachenlernens,
  - lernen in Sachfächern durch gemeinsame Projekte mit ausländischen Partnerschulen in europäischer Dimension,
  - binationale Betriebspraktika,
  - Schaffung eines interkulturellen Medienkommunikationszentrums.

Gemeinsamer Grundsatz der verschiedenen Einzelprojekte in Kooperation mit den Partnerschulen ist, daß komplexe Lernsituationen geschaffen werden, bei denen die Arbeit an inhaltlichen Aufgabenstellungen verbunden ist mit dem Erwerb und der Erweiterung fremdsprachlicher Fertigkeiten und der Notwendigkeit, Sachverhalte auch von einem anderen Standpunkt aus beurteilen zu lernen.

(2.) Lehrerbildung:
Für die Lehrerbildung wird im Vorfeld der amtlichen Meinungsbildung von verschiedenen Seiten - Grundsatzpapiere der Parteien, der Lehrerverbände - seit einiger Zeit generell die Vermittlung einer sogenannten "Europakompetenz" gefordert. Was immer darunter an professioneller Befähigung verstanden werden mag, notwendig ist meines Erachtens jedenfalls die Fähigkeit, das Fach, in dem eine Lehrbefähigung erworben worden ist, in seiner europäischen Dimension zu unterrichten.

Die Voraussetzungen für ihre Vermittlung sind bislang gewiß am wenigsten befriedigend in der ersten Phase der Lehrerausbildung, das heißt während des Studiums. Die Kultusministerkonferenz hat mit einem Grundsatzbeschluß vom 01.12.1989 klargestellt, daß Inhalt und Struktur des Hochschulstudiums eine europäische Dimension haben müssen. Dies bedeute insbesondere, daß die Möglichkeit zum Erwerb von Kenntnissen in Fremdsprachen und fremdsprachlichen Fachsprachen wie auch die Infrastruktur für die europäischen Austausch- und Mobilitätsprogramme -gemeint sind Studienordnungen, Beihilfen, Aufenthaltserleichterungen durch Plätze in Studentenwohnheimen - verbessert werden müssen. Den Hebel dazu mit den Studienordnungen anzusetzen, wäre für die Länder leicht bei den Ordnungen für die Lehrämter und Lehrbefähigungen, nur muß zugleich die Erfüllbarkeit in den Rahmenbedingungen mit bedacht werden, weswegen dieser Weg eher zögerlich beschritten wird. Fachspezifisch gebotene Veränderungen in den Prüfungsordnungen werden in einer Reihe von Ländern geprüft. Konkrete Einflußmaßnahmen auf die Lehrveranstaltungen der Hochschulen werden von mehreren Ländern für bestimmte Desiderata angestrebt, sind aber unter Beachtung des Grundsatzes von Freiheit der Lehre und Forschung begrenzt.

Die deutsche Seite hat in die Entschließung der EG-Bildungsminister vom 24.05.1988 den Wunsch eingebracht, daß die Lehrerbildung in Lehre und Forschung einen europäischen Stützpunkt in den bestehenden europäischen Hochschuleinrichtungen in Florenz, Brügge und Maastricht für Postgraduierte haben möge. Die Erfüllung ist bislang offen. Erste Schritte harren bis heute der Initiative.

Die Nutzung von Austauschmöglichkeiten bereits während des Studiums nimmt unter diesen Umständen bei der Vermittlung von Europakompetenz den nach wie vor wichtigsten Platz ein. Neben dem ERASMUS-Programm der EG und dem Programm des Deutschen Akademischen Austauschdienstes verschaffen die bilateralen Austauschprogramme der Länder sowie Landesmittel für Hochschulpartnerschaften zahlreichen Studentinnen und Studenten Gelegenheit, Auslandserfahrungen zu sammeln. Die Möglichkeiten des LINGUA-Programms der EG, soweit sie die Ausbildung von Fremdsprachenlehrern betreffen, werden von allen Ländern genutzt.

Während der zweiten Phase der Lehrerausbildung, d. h. im Vorbereitungsdienst, gehört die Befassung mit Fragen der Verflechtung der Bundesrepublik Deutschland in die europäische Zusammenarbeit und Integration sowie mit Aspekten des Schulwesens in Europa zum verbindlichen Ausbildungsprogramm für alle künftigen Lehrerinnen und Lehrer. Betriebspraktika, soweit in den Ländern Referendare dazu verpflichtet sind, finden auch in Mitgliedsstaaten der Gemeinschaft, speziell auch in EG-Einrichtungen, statt. Auch den Ausbildern im Vorbereitungsdienst wird Gelegenheit zum europäischen Erfahrungsaustausch gegeben.

Ein Aspekt, der für das Ausbildungsprogramm in Zukunft neue Bedeutung erlangt, sind m. E. Fragen des Lehrerberufs und seiner Beschäftigungssituation im europäischen Rahmen. Es dürfte zunehmend erwartet und verlangt werden, daß die künftigen Lehrerinnen und Lehrer nicht nur ihren Lehrgegenstand, sondern auch den Beruf zu seiner Vermittlung von einem transnationalen und europäischen Standpunkt aus kennen und über entsprechende Einschätzungen für die Berufspraxis auf dem europäischen Lehrermarkt verfügen.

Die Länder sind zur Zeit in der Kultusministerkonferenz damit beschäftigt, sich eine gemeinsame Vorstellung von den Gegebenheiten der Lehrerbildung in den Mitgliedsstaaten der Gemeinschaft zu machen. Dem Plenum der Kultusministerkonferenz hat zu seiner Oktobersitzung 1992, die dem Schwerpunktthema "Europa" in Schule, Hochschule, Berufsausbildung und Weiterbildung gewidmet war, eine entsprechende Bestandsaufnahme vorgelegen. Sie soll Grundlage für eine Diskussion über die strukturellen Mobilitätschancen auf dem deutschen Lehrermarkt für EGBewerber sein. Die Wahrnehmung von praktischen Chancen nach den EG-Anerkennungsrichtlinien ist gemessen an dem Aufwand der Umsetzung dieser Richtlinien noch zur Zeit minimal; das kann sich bei der Attraktivität unserer Lehrergehälter aber sehr rasch ändern.

6. Nach Vollendung des europäischen Binnenmarktes
Europa 1992 ist für den Bildungsbereich nicht nur Stichwortgeber unter der

Perspektive "Nach Maastricht", sondern auch "Nach Vollendung des europäischen Binnenmarktes". Seine Auswirkungen auf das Wirtschafts- und Sozialsystem in Deutschland berühren an vielen Punkten und in ganzen Zonen auch unser Bildungssystem. Auswirkungen, die wir schon jetzt zu spüren bekommen und auf die ich abschließend nur verweisen möchte, betreffen:

- Einen zunehmenden Druck in Richtung auf eine europäische Konzertation der Bildungspolitik, ausgehend von der Berufsbildungspolitik in Verlängerung auf die Sekundarschulpolitik.

Ansatzpunkte sind die Abschlußzeugnisse und die Gleichwertigkeit bei den Berechtigungen, sind die zunehmenden Berichtsverpflichtungen. Eine nationale Protektion der eigenen Bildungsqualifikationen fällt zunehmend unter das Verdikt der Diskriminierung. Wer die Bedeutung der Berichtsverpflichtungen zumal für einen föderalen Staat wie die Bundesrepublik Deutschland einschätzen will, den verweise ich auf die einmalige Beschreibung dieses Herrschaftsinstruments in Balzacs Roman "Les Employés" (Die Beamten).

- Sie betreffen die Konkurrenz von privaten "ausländischen", überhaupt internationalen Schulen mit deutschen Schulen im eigenen Land.

Die französische Seite hat sich schon vor längerer Zeit dafür eingesetzt, daß deutsche Staatsbürger nicht gegenüber französischen Staatsbürgern an französischen Privatschulen in Deutschland weiterhin Anerkennungsprobleme mit ihrem Baccalauréat haben. Von der Vereinigung der Internationalen Schulen in Deutschland liegt zur Zeit ein Antrag bei der Kultusministerkonferenz vor, daß eine Empfehlung beschlossen wird, diese Schulen als Ersatzschulen zu behandeln. Von den 800 Internationalen Schulen in der Welt bestehen acht in Deutschland. Die Vereinigung beantragt für diese Schulen auch eine Überprüfung der Nichtanerkennung eines von deutschen Schülern in Deutschland erworbenen Internationalen Baccalauréat.

- Die Auswirkungen betreffen die Öffnung des deutschen Lehrermarktes für Bewerber aus anderen EG-Staaten.

Ich habe dazu schon das Nötige gesagt. An einer Öffnung der Staatsangehörigkeitsbestimmungen für ausländische Lehrerbewerber und den Zugang zum Beamten-Status wird zur Zeit im Bundesinnenministerium gearbeitet.

- Sie betreffen schließlich die Vergleichbarkeit der Schulzeit in der Gemeinschaft für den Erwerb der Hochschulreife.

Das Problem, zumal vor dem Hintergrund der Entscheidungen für zwölf Jahre in Mecklenburg-Vorpommern, Sachsen, Sachsen-Anhalt und Thüringen, ist bekannt.

Die künftige Weichenstellung wird gut europäisch auch für Deutschland sicher nicht zugunsten von mehr Einheit, sondern mehr Vielfalt ausfallen.

Die europäische Dimension in Unterricht und Erziehung - eine Herausforderung für die politische Bildung
Prof. Dr. Rudolf Hrbek
Institut für Politikwissenschaft der Universität Tübingen

Meine sehr verehrten Damen und Herren, liebe Kolleginnen und Kollegen, mir ist die Aufgabe gestellt, über die europäische Dimension als Herausforderung für die politische Bildung einige einleitende Überlegungen anzustellen. Sie haben nicht den Schulpraktiker eingeladen - es spricht auch nicht der Schulpraktiker - und ich werde deswegen gleichsam zu meiner eigenen Selbstvergewisserung und damit Sie wissen, wie ich den Gesamtrahmen meiner Aufgabenstellung verstehe und auffasse, einleitend einige Worte sagen, was für mich Aufgabe politischer Bildung ist.

Aufgaben politischer Bildung
Ich verstehe darunter die Aufgabe, den Menschen zu befähigen, bei der Behandlung öffentlicher Angelegenheiten in Gesellschaft und Staat als mündiger Bürger aktiv mitzuwirken. Das bedeutet drei wesentliche Dinge:
- Zunächst muß der Mensch eine Situation erkennen, verstehen und beurteilen können, die ihn ggf. existentiell betrifft. Er muß also über Informationen, über Problembewußtsein und über Urteilsfähigkeit verfügen, sonst wird er sich im Fall einer solchen Betroffenheit gewiß nicht als mündiger Bürger verhalten können.
- Zweitens: Er muß bereit und fähig sein - und auch darauf muß politische Bildung hinwirken -, sich aktiv bei der Behandlung der öffentlichen Angelegenheiten, der res publica also, zu engagieren, sich zu beteiligen, auf Herausforderungen zu reagieren, an der Lösung von Problemen und Aufgaben mitzuwirken. Das kann er tun in seiner Rolle als Interessent; er kann es als Mitglied einer politischen Partei tun; er kann es als Wähler tun. Ihm stehen dabei eine Vielzahl von Mitwirkungsmöglichkeiten zur Verfügung.
- Und schließlich drittens: Er muß den Rahmen für sein Engagement, für sein eigenes politisches Handeln kennen; einen Rahmen, der durch die jeweilige politische Ordnung bestimmt wird. Er sollte sich bewußt sein,

daß ein solcher Rahmen niemals ein für alle Mal unverrückbar feststeht, sondern sich weiterentwickelt und daß er mit seinem Handeln einen bescheidenen Beitrag zur Weiterentwicklung dieses Rahmens und dieser Ordnung leistet.

Daraus folgt, wie im Einzelnen zu zeigen sein wird, daß die europäische Dimension eine riesengroße aktuelle Herausforderung darstellt. Diese Dimension hat verschiedene Elemente, die uns alle betreffen, ganz existenziell betreffen, und die erkennbare Dynamik, die in den verschiedenen Elementen dieser Dimension liegt, erfordert Reaktion, erfordert Handeln.

Komponenten der europäischen Dimension
Ich komme nach diesen kurzen Vorbemerkungen zu den inhaltlichen Aspekten dieser Dimension und unterscheide dabei drei Bereiche.

Eine erste Komponente dieser europäischen Dimension stellt die Existenz der Zwölfergemeinschaft EG dar, einer Gemeinschaft, die sich seit Mitte der 80er Jahre mit erheblicher Dynamik weiterentwickelt hat. Das entsprechende Stichwort lautet "Vertiefung", ich komme noch darauf, was Vertiefung und Verdichtung der Gemeinschaftsbeziehungen im einzelnen bedeuten. Hier muß ein Weiteres berücksichtigt werden: Die EG hat sich in den 80er Jahren nicht nur intern weiterentwickelt und nach einer Zeit, in der von "Eurosklerose" gesprochen wurde - was als Befund nicht sehr schmeichelhaft war - doch eine erhebliche Dynamik erfahren, die die Wortschöpfer des Begriffs "eurosclerosis" zu dem Begriff des "fortress Europe", also der "Festung Europa" animiert hat. Diese Zwölfergemeinschaft hat sich zugleich auch als eine sehr feste Größe in einem europäischen Kontinent erwiesen, der tiefgreifende Wandlungsprozesse erlebt. Sie blieb eine feste, kalkulierbare Größe und hat ganz offensichtlich die Funktion eines Gravitationszentrums angenommen. Dies ist die erste Komponente der europäischen Dimension.

Die zweite Komponente hat mit dem Umbruch und dem Wandel in Europa zu tun, konkret in Mittel- und Osteuropa. Es geht darum, daß hier neue politische und wirtschaftliche Ordnungen entstehen und daß diese Nationen und Staaten sich auf den Weg machen, auf der Suche sind, ihren Platz in einer neuen gesamteuropäischen Ordnung zu finden. Das hat etwas mit der ersten Komponente "EG als Gravitationszentrum" zu tun. Die Hauptorientierung von Mittel- und Osteuropa ist in der Tat auf die sich weiter entwickelnde Gemeinschaft gerichtet.

Umbruch und Wandel, diese zweite Komponente der europäischen Dimension - und ich verstehe darunter jeweils Herausforderungen besonderer Art - bedeuten aber auch Wanderungsbewegungen, die im Einzelnen in ihrer Intensität und Ausrichtung noch gar nicht prognostiziert werden können. Wir wissen nur, daß ein erheblicher Problemdruck existiert und daß sich hier wahrscheinlich erst der Beginn einer Lawine abzeichnet.

Umbruch und Wandel in Mittel- und Osteuropa bedeuten aber nicht nur Suche nach neuer politischer und wirtschaftlicher Ordnung, nach einem Platz in einem geordneten gesamteuropäischen Gefüge, bedeuten nicht nur Wanderungsbewegungen und damit für Westeuropa Zuwanderungsdruck. Sondern Umbruch und Wandel sind auch - und das erleben wir im Moment - von der Renaissance eines recht engen nationalstaatlichen Denkens begleitet.

Das bedeutet die Rückkehr zu gewaltsamer Form des Konfliktaustrags und damit zu einer politischen Verhaltensweise, die als ein zentrales Ergebnis des westeuropäischen Integrationsprozesses für den westeuropäischen Teil des Kontinents weitestgehend als ausgeschlossen gelten kann.

Die dritte Komponente der europäischen Dimension: Europa ist Adressat von Forderungen und Erwartungen aus einem internationalen Umfeld. Frau Dr. Laurien hat in ihren Begrüßungsworten gestern abend - völlig zu Recht - darauf verwiesen, daß eine angemessene Befassung mit der europäischen Dimension, egal ob das nun auf der Tagesordnung einer spezifischen Tagung jeweils formuliert ist, die Beziehungen zwischen diesem Europa einerseits und den Staaten der Dritten Welt andererseits nicht ausblenden darf.

Mit diesen Beziehungen sind Herausforderungen verbunden, denen sich Europa stellen muß. Dazu zählen durch die Bevölkerungsentwicklung induzierte Wanderungsbewegungen ebenso wie Fragen der künftigen Sicherheit. Beide Herausforderungen werfen die Frage der Handlungsfähigkeit Europas oder der EG auf.

Nach diesem Überblick über die drei Komponenten der europäischen Dimension sollen nähere Hinweise, vor allem zur ersten Komponente - der EG -, gegeben werden. Sie sind als Gesichtspunkte und Hinweise zu Fragestellungen gemeint, die bei der Behandlung dieser europäischen Dimension berücksichtigt werden könnten und sollten.

Erste Komponente: Die EG.
Angesichts der sehr kontroversen Diskussion um das Vertragswerk von Maastricht und teilweise heftiger Kritik an der EG in ihrer gegenwärtigen Erscheinungsform (sie weise alle Züge eines Superstaates mit einer regelungswütigen zentralistischen Bürokratie auf) ist es angebracht, sich die Ziele des Integrationsprozesses, die Merkmale der EG und die Vorzeichen und "Gesetzmäßigkeiten" ihrer Entwicklung zu vergegenwärtigen.

- **Hauptziele des EG-Integrationsprozesses**

Europäische Integration, also dieser Versuch einer internationalen Gemeinschaftsbildung, an der sich eine Reihe von Staaten beteiligen, zielt - das war die zentrale ursprüngliche Idee - auf die Schaffung einer verläßlichen Friedensgemeinschaft. Wer darauf vor etwa fünf Jahren hingewiesen hätte, wäre auf eine gewisse Verständnislosigkeit gestoßen. Warum? Weil wir dieses Ziel als ganz selbstverständliche Errungenschaft ansehen.

Krieg? Gewaltsamer Konfliktaustrag? Da gibt es zwar den Konflikt in Nordirland, der vielen nur als Anachronismus erscheint und zudem weit entfernt liegt, an der Peripherie Europas. Das Ziel der Friedenserhaltung und damit der Errichtung einer Friedensordnung ist durch Vorgänge in der letzten Zeit aber als ein nach wie vor zentrales Motiv von Integrationsbemühungen bestätigt worden. Diese Vorgänge erinnern uns daran, daß Frieden eben nicht selbstverständlich ist.

Neben dem Merkmal, Friedensgemeinschaft zu sein, ist die EG zweitens eine Wertegemeinschaft. Auch hier lohnt ein Blick zurück in die Entstehungsphase der Integrationsbemühungen. Sie waren eine Reaktion auf Erfahrungen mit dem Scheitern des Versuchs, in Deutschland und anderwärts nach dem Ersten Weltkrieg demokratische Ordnungen zu errichten. Sie waren die Reaktion auf Erfahrungen mit autoritären, ja totalitären Regimen, also die Reaktion auf Erfahrungen in Zeiten, in denen die Menschenwürde, die Menschenrechte nicht nur nicht geachtet, sondern vorsätzlich und planmäßig zerstört wurden. Alles dies können wir subsumieren unter dem Stichwort "Wertegemeinschaft". Das mag manchem recht pathetisch klingen. Ich habe mit dieser Art von Pathos überhaupt kein Problem und meine, man sollte auch in der Vermittlung sehr offensiv darauf hinweisen, daß es sich lohnt, für solche Werte einzutreten. Und es gibt ja Beispiele genug, daß sie eben nicht überall beachtet werden. Wertegemeinschaft bedeutet: Es gibt einen gewissen Grundbestand an gemeinsamen Überzeugungen, der die Basis für das Zusammenwirken der an solchen Integrationsprozessen beteiligten Nationen und Staaten darstellt.

Und dann drittens - und ich unterstreiche: erst drittens und setze damit einen etwas anderen Akzent als jenen, der in einer Bemerkung gestern abend deutlich wurde, als es hieß, westeuropäische Gemeinschaftsbildung sei primär ein ökonomisches Unternehmen - ist diese EG natürlich eine Wirtschaftsgemeinschaft. Es gibt kein größeres Mißverständnis des europäischen Integrationsprozesses als zu meinen, da hätten einige Raffgierige versucht, einen größeren Markt aufzubauen. Lesen Sie im Zusammenhang mit der Entstehungsgeschichte der Integration, wie ich sie eben in Erinnerung zu rufen versucht habe, mit Ihren Schülerinnen und Schülern das Manifest von Jean Monnet zur Errichtung der Montanunion. Es war eine ökonomische Zweckgemeinschaft, aber mit vorrangig politischen Zielsetzungen.

Als Wirtschaftsgemeinschaft strebt die EG auf einen einheitlichen Wirtschaftsraum; wir sprechen heute vom Binnenmarkt. Dieser Wirtschaftsraum beinhaltet sehr viel mehr als nur ökonomische Ziele, denken wir etwa an die Implikationen für den Bereich Ausbildung, Bildung, Erziehung; oder für den Bereich Ausländerpolitik.

Die EG ist also eine zusätzliche Problemlösungsebene. Hier ist das Wort "zusätzlich" wichtig: ein zusätzlicher Problemlösungsrahmen. Ich unterschreibe, was mein Vorredner eben sagte: Selbstverständlich bleiben die Staaten bestehen, sie sind die zentralen Bausteine. Ihnen obliegt es vorrangig, sich um die res publica - die öffentlichen Angelegenheiten - zu kümmern. Aber wenn sie sich, als souveräne Nationalstaaten, an solchen Integrationsprozessen beteiligen, dann haben sie für sich die Grundentscheidung getroffen, sich nicht allein und isoliert um Problemlösungen zu kümmern, sondern im größeren Rahmen einer solchen internationalen Integrationsgemeinschaft. Ihrer Entscheidung liegt offenbar die Einsicht und Überzeugung zugrunde, allein auf sich gestellt überfordert zu sein.

- **Merkmale der EG**

Was sind die Merkmale dieser Gemeinschaft? Können wir das, was die EG darstellt, eigentlich angemessen erklären? Die EG ist sicherlich mehr als die traditionelle internationale Organisation, mehr als irgendein Zweckverband. Die Donaudampfschiffahrtsgesellschaft oder der Weltpostverein - darunter kann man sich etwas vorstellen, da ist der Zweck einigermaßen klar. Daß die EG, so wie sie sich heute darstellt, darüber weit hinausgeht, ist ebenso klar. Daß sie auf der anderen Seite kein neuer Superstaat ist, wissen mindestens diejenigen, die sich ernsthaft und nicht oberflächlich polemisch mit ihr auseinandersetzen. Es scheint für manche ungeheuer verführerisch zu sein, auf eine zentralistische, herrschaftsgierige Bürokratie in Brüssel zu verweisen.

Die EG ist aber kein Superstaat, der umfassend öffentliche Gewalt ausübt. Wenn man Brüssel als Herrschafts- und Entscheidungsort meint, dann meint man letztlich die Regierungen, die dort im Rat zusammensitzen. Inwieweit Herrschaftsausübung dann jeweils gleichbedeutend mit Problemlösung ist, angemessener Problemlösung, das ist eine Frage, deren Beantwortung manches an Unbehagen bei der Betrachtung europäischer Politik bei uns auslöst. Die EG ist also mehr als die traditionelle internationale Organisation, aber sicherlich kein Staat.

Was ist sie dann? Wie kann ich das vermitteln? In der Politikwissenschaft wird die Verwendung eines Begriffs vorgeschlagen, der einem anderen

Zusammenhang entnommen wurde (dem Föderalismus der Bundesrepublik Deutschland) und der recht anschaulich ist. Der Begriff lautet: Verflechtungssystem. Die Gemeinschaft oder Union, wie das Gebilde nach dem Maastrichter Vertrag heißen soll, ist ein Verflechtungssystem. Es fungiert als ein Rahmen, der unterschiedliche Ebenen zusammenhält, die alle ihren eigenen Rang behalten, also die Staaten und territoriale Einheiten unterhalb der Ebene der Mitgliedsstaaten, wie etwa im deutschen Fall die Länder als Gliedstaaten der Bundesrepublik, im Falle Spaniens die autonomen Gemeinschaften. Das Verflechtungssystem umfaßt auch die Einheiten auf der lokalen Ebene. Denn was bedeutet es, daß die kommunalen Spitzenverbände der Bundesrepublik Deutschland ein Informations- und Verbindungsbüro in Brüssel eingerichtet haben? Das hat nichts mit vorsätzlicher Geldverschwendung der ohnehin armen und verschuldeten Gemeinden zu tun, sondern damit, daß die Kommunen offenbar der Meinung sind, daß in Brüssel etwas passiert, was auch sie ganz unmittelbar betrifft.

Der Begriff Verflechtungssystem beinhaltet aber auch die Verflechtung verschiedener Politiken. Die viel kritisierte Agrarpolitik der EG hat - und wir merken das mehr und mehr, eine ökologische Komponente oder, etwa im Blick auf die GATT-Verhandlungen auch nicht nur außenwirtschaftliche, sondern in erheblichem Maße außenpolitische Implikationen und Auswirkungen.

Zum Verflechtungscharakter gehört sodann, daß die Akteure, die aus den einzelnen Staaten kommen, immer mehr miteinander verbunden, in verschiedenen Verbundsystemen und Netzwerken verkoppelt sind und sich gemeinsam um Entscheidungen bemühen. Das wird deutlich erkennbar, wenn man in Brüssel einmal das Telefonbuch durchblättert und eine große Zahl von Euro-Organisationen entdeckt. Es wird auch bei einem Gang durch das "Regierungsviertel" in Brüssel erkennbar, wenn man die Schilder dieser Euro-Organisationen an den Häusern sieht. Hier wird die Verflechtungsstruktur, bezogen auf Akteure, die zu diesem Verflechtungssystem gehören, deutlich sichtbar.

Man könnte fast die Gleichung aufstellen: Integration gleich Verflechtung.

Denn Verflechtung - und damit sind wir wieder bei den zentralen Zielen - schafft eine Struktur, in der gewaltsamer Konfliktaustrag vielleicht nicht absolut unmöglich, aber doch sehr, sehr unwahrscheinlich ist. Und diese Verflechtungsstruktur führt bei den an ihr Beteiligten zur Ausbildung und Weiterentwicklung von Verhaltensweisen, die ebenfalls eine Gewähr dafür sind, daß gewaltsamer Konfliktaustrag nicht mehr stattfindet.

Das bedeutet nun nicht, daß es nicht sehr unterschiedliche Interessen gibt. Oder wollte etwa jemand sagen, daß Margaret Thatcher als britische Premierministerin in der EG ihre Interessen nicht sehr nachdrücklich vertreten hätte? Jeder - und das ist sein oder ihr gutes Recht - vertritt solche Interessen. Nur: Diese Interessenvertretung findet nach bestimmten Regeln, den Regeln und Normen einer Rechtsgemeinschaft, statt. Jeder kennt diese "Spiel"-Regeln. Zu diesen Spielregeln oder Verhaltensweisen mag gehören, daß man nach einer Sitzung des Europäischen Rates durch seinen Sprecher verkünden läßt: "The Prime Minister was furious" - also: Margaret Thatcher sei mehr als nur zornig gewesen. Wichtig war und ist jedoch, daß solche Auseinandersetzungen im Verhandlungssaal, an einem gemeinsamen Tisch ausgetragen werden und dann häufig ein Kompromiß, eine Paketlösung gefunden wird.

Alles das gehört zu diesem Verflechtungssystem. Man weiß um die gegenseitige Abhängigkeit, man weiß um das Ausmaß der Verflechtung und man trägt dem durch seine eigene Verhaltensweise Rechnung. Ich glaube, dies ist etwas sehr Wichtiges, und dieses Merkmal von Gemeinschaft zu verstehen hilft eine ganze Reihe von Vorgängen besser zu begreifen. Wenn etwa in der Bundesrepublik Deutschland einige Kritiker sagen, der Bundeskanzler oder die Bundesregierung habe sich vor Maastricht ehrgeizige Ziele gesetzt und diese seien am Ende nicht alle erreicht worden, dann kann ich nur fragen: "Von welcher Einfalt muß man eigentlich sein, um zu meinen, man geht in eine solche Verhandlung hinein und kommt heraus mit der Erfüllung all dessen, was man sich vorgenommen hat?" Nein, Verflechtungssystem und Aufgabenbewältigung im Rahmen eines solchen Verbunds, zu dem mittlerweile zwölf Mitglieder gehören, das bedeutet eben, auf den anderen zuzugehen, den anderen auch einmal anzuhören, bedeutet Kompromisse zu schließen, bedeutet Paketlösungen nicht nur zu akzeptieren, sondern sich aus eigenem Interesse selbst um solche Paketlösungen zu bemühen. Wenn nachher zu Hause das Paket aufgemacht und der Inhalt den Wählern und der Öffentlichkeit gezeigt wird, findet man in diesem Paket Unterschiedliches: Dinge, die ganz im eigenen Interesse sind; daneben andere Elemente, bei denen man Zugeständnisse gemacht hat. Das gehört zum Charakter der EG als Verflechtungssystem.

- **Entwicklungsperspektiven der EG**

Die EG hat in den 80er Jahren, wie bereits erwähnt, nicht unerhebliche Integrationsfortschritte gemacht - das Stichwort lautet: Vertiefung. Durch die mit der Einheitlichen Europäischen Akte 1986 erfolgte Vertragsänderung ist der Aufgabenbereich der EG erweitert worden. Das bedeutet nicht, daß damit etwa die Gemeinschaft für alles allein zuständig ist; sie übernimmt vielmehr eine Mitverantwortung. So wie es im vorangegangenen Beitrag für den Bereich Bildung und Erziehung erläutert wurde. Da wird den Staaten nichts weggenommen, aber die Gemeinschaft erhält die Kompetenz, bestimmte Maßnahmen im Sinne unterstützender Aktionen in Gang zu setzen. Auch hier wird Zusammenwirken deutlich, die Verflechtung der Staaten und der Gemeinschaft in einem größeren Rahmen.

Ich will nicht auf die einzelnen Etappen dieser Vertiefung in den 80er Jahren eingehen. Das würde unseren Rahmen sprengen. Ich will aber zum aktuellen Entwicklungsstand etwas sagen. Mit dem Vertrag von Maastricht über die Errichtung einer Europäischen Union sind eine Reihe von Irritationen und Kontroversen verbunden. Offensichtlich steht die Gemeinschaft mit diesem Vertragswerk vor dem Eintritt, manche sagen gar: "vor dem Sprung", in eine ganz neue Qualität.

Was heißt in diesem Zusammenhang eigentlich "Union"? Für die einen ist Union eine ganz bestimmte, sogar rechtlich definierbare Struktur. Manche setzen Union mit Bundesstaat gleich. Für andere bedeutet das Wort "Union" eigentlich sehr viel mehr einen Prozeß. Aus dem Text des Vertrags von Maastricht läßt sich dieses Verständnis herauslesen, wenn gesagt wird, es gehe darum, eine immer enger werdende Union der Völker und Staaten

Europas aufzubauen. Das heißt, daß der EG-Verbund, dieses Verflechtungssystem, schrittweise in kleinsten Stufen und Dosierungen wachsen und zunehmen soll.

Wie verhalten sich die Staaten zu dieser Union? Da gibt es die besorgte Frage: Werden etwa die Staaten zur Disposition gestellt, werden sie verschwinden, in der Union untergehen? Ein Motiv derer, die in Dänemark mit "Nein" gestimmt haben, war die durchaus verständliche Sorge eines relativ kleinen Staates, in einem so großen Rahmen vielleicht weniger Gestaltungs- und Entfaltungsmöglichkeiten zu haben, vielleicht zuviel an eigener Identität zu verlieren. Wie ist also das Verhältnis der Staaten zu dieser Union? Hier kann ich mich ebenfalls auf meinen Vorredner berufen: Die Staaten bleiben die Voraussetzung dieser Union. So steht es im übrigen auch im Vertrag von Maastricht. Da wird nicht etwas an die Stelle der Staaten gesetzt, sondern die Staaten wirken weiterhin daran mit, daß für sie gemeinsam ein Handlungs- und Problemlösungsrahmen entsteht. Die Staaten bleiben weiterhin bestehen, und das, was sie an jeweils eigener Identität aufweisen, das ist ja in seiner Vielfalt etwas, was gerade den Reichtum dieses Europas ausmacht. Man sollte auf diesen Reichtum nicht verzichten wollen und man muß es auch gar nicht. Der Unionsprozeß fordert keinen solchen Verzicht. Vielmehr definieren sich die Staaten als Teil der Gemeinschaft. Sie verstehen sich nicht mehr als ausschließlich autonom oder gar egoistisch handelnde Nationalstaaten. In der Diskussion um dieses Vertragswerk haben sich Unsicherheiten darüber gezeigt, was mit ihm anvisiert wird, ob es eine klar definierte Finalität gibt. Die eben gegebenen Hinweise sind ein Beitrag zu diesen Fragen.

Die Diskussion über Maastricht enthält natürlich auch die Frage: Wie sieht es mit der demokratischen Legitimität von Politikentscheidungen in dieser Union aus? Ist es eine Herrschaft der Bürokratie? Ist es eine Herrschaft der Exekutiven, vor allem der nationalen Exekutiven? Unter den gegenwärtigen Bedingungen der Gemeinschaft liegt die Hauptquelle der Legitimität in der Tat bei den Nationalstaaten. Dem entspricht, daß die wichtigste Entscheidungsinstanz der Rat ist, der eben von den Regierungen gebildet wird.

Wir sollten bei der Beurteilung des Vertragswerkes von Maastricht, also bei der Beantwortung der Frage: "Inwieweit ist es akzeptabel?" zunächst einmal sehr sorgfältig lesen. Manches, was an Kritik vorgetragen wird, bezieht sich auf Punkte, für die Sie im Text keine Grundlage finden werden. Da werden Ängste und Mutmaßungen geäußert ("Was könnte ggf. werden?"), die keine Begründung in den Texten selbst finden.

Was in vielen Staaten diskutiert wird, ist die Frage: Was ist eigentlich die angemessene Ordnungsform für eine solche Union? Insofern hat der Vertrag etwas sehr Wichtiges bewirkt: er hat nämlich eine neue Grundsatzdebatte ausgelöst. Beispielsweise ist in dem Vertrag vom Subsidiaritätsprinzip die Rede. Viele, auch wenn sie den Begriff als solchen nicht verwenden, beziehen trotzdem die Worte föderalistisch, Föderalismus, föderativ auf die zukünftigen Strukturen einer solchen Union. Föderalismus bezeichnet nicht etwa ein ganz bestimmtes Modell, wie etwa den Föderalismus im Königreich Belgien, den wir aufgrund der besonderen belgischen Bedingungen zu verstehen suchen müssen. Föderalismus für diese Union bedeutet auch nicht die pauschale Übernahme der Bundesstaatlichkeit der Bundesrepublik Deutschland oder, wenn die Schweiz einmal dazukommen sollte, die föderative Struktur einer nicht nur in Jahrzehnten, sondern Jahrhunderten gewachsenen Eidgenossenschaft. Nein, föderative Strukturen zu erwägen bedeutet, eine Antwort auf die Frage zu geben: Welche Struktur soll eine Gemeinschaft aus mehreren Teilen, auf mehreren Ebenen, die eng miteinander verflochten sind, haben und wie sieht die Balance aus, die zwischen den Teilen jeweils herzustellen ist?

Wer sich mit dem Föderalismus der Bundesrepublik befaßt, weiß: Diese Balance muß immer wieder neu gesucht werden, sie steht nicht ein für alle mal fest. Man kann nicht im Grundgesetz nachschlagen und hat die Patentantwort. Nein, die Gewichte, die auch politisch auf die Waagschale gelegt werden, variieren. Die Aufgabe, die sich z.B. in der föderativen Bundesrepublik stellt, die verschiedenen Teile in eine angemessene Balance zu bringen, stellt sich auch für diese Union. Dabei gilt, wie die Erfahrungen zeigen: Das Ausbalancieren der verschiedenen Teile ist ein sehr dynamischer Prozeß. Er kann eigentlich nicht zentrifugal sein, denn das würde der

Interdependenz, eben dem Aufeinanderangewiesensein, widersprechen. Es ist vielmehr ein dynamischer Prozeß, der vorrangig zentripetal wirkt. Zentripetal heißt aber nicht Zentralismus, heißt nicht Konzentration, sondern bedeutet die Verpflichtung zum Zusammenwirken. Auch das ist mit dem Wort Subsidiaritätsprinzip gemeint, das sicher kein justitiabler Begriff ist.

Wie sieht es um die Voraussetzungen für Integrationsfortschritt aus, wie er mit dem Vertrag von Maastricht angestrebt wird und in dem viele einen großen Sprung sehen? Eine Voraussetzung ist ein gewisses Mindestmaß an Vereinbarkeit von Grundwerten und Prinzipien, d.h. auch der politischen Kulturen. Das ist der Grund dafür, daß Griechenland beispielsweise während der Zeit der autoritären Obristenherrschaft seine Beziehungen zur Gemeinschaft nicht weiter intensivieren konnte. Umgekehrt erklärt sich daraus, daß Karamanlis im Jahre 1974 sozusagen als einen ersten Schritt zur Flankierung des Weges zurück zur Demokratie in Griechenland ein Aufnahmegesuch an die EG gerichtet hat. Ein Mindestmaß an Übereinstimmung beinhaltet also noch keine Homogenität, erzeugt keinen Einheitsbrei, erfordert aber eine Vereinbarkeit der Werte, eine Übereinstimmung jedenfalls im Kern solcher Grundwerte und Prinzipien.

Zweitens sind die materiellen Voraussetzungen zu nennen, und hier stellen wir sehr starke strukturelle Divergenzen fest. Sie führen zu ganz unterschiedlichen Prioritäten der beteiligten Staaten, und eben weil das so ist, muß man Kompromisse schließen, muß man sich um Paketlösungen bemühen.

Wie kann sich der Einzelne in diesen Prozeß einbringen? Wenn man das Konzept des Verflechtungssystems akzeptiert und wenn man akzeptiert und verstanden hat, daß der einzelne Staat, die einzelne Region, ein Teil dieser Union, dieses Prozesses ist, dann folgt daraus, daß man genau die gleichen Kanäle nutzen kann, die es auch im nationalen Rahmen gibt, daß sich das "normale" politische Engagement automatisch auch auf EG-Belange bezieht.

Zweite Komponente: Das Ende des Ost-West-Konflikts und die künftige Architektur Europas

Die zweite Komponente der europäischen Dimension ist die Aufgabe, nach dem Zusammenbruch des Kommunismus für Gesamteuropa die angemessene Architektur zu finden. Hierzu nur einige wenige Bemerkungen. Wir können beobachten, daß sich die Staaten Mittel- und Osteuropas auf die Zwölfergemeinschaft hin orientieren, daß aber auch die EG-Staaten ein Interesse haben, dauerhafte Verbindungen zu schaffen; ganz einfach aus dem Interesse heraus, daß gewaltsamer Konfliktaustrag ausgeschlossen wird. Konfliktursachen aus Hypotheken der Vergangenheit gibt es in diesem Teil Europas genug; denken wir etwa an die Vorgänge im ehemaligen Jugoslawien oder auch daran, daß die Tschechoslowakei als ein zusammenhängender Staat - jedenfalls bis auf weiteres - wohl nicht weiter bestehen wird. Angesichts dieser Renaissance von Nationalismus sind Integrationsbemühungen dringend geboten. Der EG kommt dabei eine wichtige und verantwortungsvolle Funktion zu.

Welche Möglichkeiten für engere und dauerhafte Beziehungen der EG zu diesen Staaten bieten sich an und werden diskutiert? Die erste Antwort der EG auf die mit dem Ende des Kommunismus verbundenen Herausforderungen war der Abschluß von Handels- und Kooperationsabkommen in den Jahren 1988-90. Die zweite Antwort der EG waren Assoziationsabkommen, die im Dezember 1991 abgeschlossen wurden und die jetzt ratifiziert werden. Niemand zweifelt daran, daß jeder von den der Gemeinschaft neu assoziierten Staaten diesen Status nur als eine Art Vorbereitungszeit auf eine spätere Vollmitgliedschaft versteht; die Assoziierung als "Wartezimmer" sozusagen. Angesichts dieser Erwartungen muß sich die EG mit der Frage auseinandersetzen, ob denn, bezogen auf eine angemessene Problemlösung, die Vollmitgliedschaft - und zwar zu einem möglichst frühen Zeitpunkt - die adäquate Antwort und Strategie ist, oder ob es nicht auch andere Möglichkeiten geben könnte. Denn die Unterschiede im ökonomischen, sozialen und politischen Entwicklungsstand dieser Staaten zur EG sind beträchtlich und werden das noch für geraume Zeit bleiben.

Auf der Suche nach Alternativen ist von einem System konzentrischer Kreise gesprochen worden; konzentrische Kreise um das Gravitationszentrum EG, dem sich erst andere als Mitglieder mit allen Rechten und Pflichten anschließen können, wenn die Voraussetzungen vorhanden sind. Ein Gravitationszentrum, mit dem man sich aber auch, zweitens, auf lockerere Art und Weise verbinden kann, nämlich, um im Bild zu bleiben, indem man an dieses Zentrum ankoppelt, ohne unmittelbar dazuzugehören. Soweit zu übersehen ist, gibt es noch keine überzeugende, endgültige Antwort, wie denn diese zukünftige Architektur Europas aussehen wird. Diese Antwort zu finden bleibt eine Herausforderung für die EG. Die verschiedenen Modelle sind auf ihre Eignung zu prüfen, gewaltsamen Konfliktaustrag auszuschließen und zu adäquaten Problemlösungen beizutragen. Adäquat würde bedeuten, die Grundinteressen aller Beteiligten angemessen zu berücksichtigen. Hier haben die EG-Staaten Anlaß zur Selbstkritik. An den Assoziationsabkommen, die die EG mit Polen, Ungarn und der Tschechoslowakei abgeschlossen hat, ist sehr zu recht kritisiert worden, daß die Leistungen und Zugeständnisse, die von der EG gemacht wurden, in einer ganzen Reihe von Punkten hinter dem zurückgeblieben sind, was wohl auch möglich gewesen wäre. Hier zeigt sich ein anderer Aspekt eines solchen Verflechtungssystems und damit der Frage, wie innerhalb eines solchen größeren Rahmens ein angemessener Ausgleich, eine Balance gefunden werden kann.

Dritte Komponente: Globale Herausforderungen für die EG
Zur dritten Komponente, nämlich den Herausforderungen, denen sich die EG aus dem weiteren internationalen Umfeld ausgesetzt sieht, abschließend nur wenige Stichworte.

Der erste Aspekt ergibt sich aus der erkennbaren Absicht der USA, ihr europäisches Engagement noch stärker zu reduzieren. Das ist nicht Isolationismus, aber es ist eine andere Qualität des Engagements, als wir es eine Reihe von Jahrzehnten als mehr oder weniger naturgegeben angesehen haben. Für Europa ergeben sich daraus Herausforderungen im ökonomischen und im Sicherheitsbereich. Was das im ökonomischen Bereich bedeutet, zeigen im Moment die überaus schwierigen GATT-Verhandlungen.

Zweiter Aspekt: Japan. Ein Wirtschaftsgigant, von dem eigentlich noch niemand sagen kann, wie er sich als Partner und als Konkurrent Europa gegenüber in etwa zehn Jahren darstellen wird. Wir wissen viel zu wenig von Entwicklungen und Veränderungen innerhalb der japanischen Gesellschaft. Auch dort wirken Ergebnisse der internationalen Verflechtung auf Japan zurück. Im Moment ist der Faktor Japan aber für Europa eine sehr starke Herausforderung, auf die es keine belgische, italienische, deutsche, slowenische, estnische oder französische Antwort gibt. Die Antwort muß, wenn sie angemessen sein soll, gemeinsam gegeben werden.

Nächster Aspekt: Die Dritte Welt. Hier geht es vorrangig um die demographische Entwicklung; denken wir nur daran, wie sich allein in Nordafrika die Bevölkerung innerhalb der nächsten zwei Jahrzehnte entwickeln wird. Das ist eine Herausforderung, die nicht nur die unmittelbaren Anrainerstaaten des Mittelmeerbeckens betrifft, sondern ganz Europa und vorrangig die EG. Wir müssen uns vergegenwärtigen, daß die innere Entwicklung der Gemeinschaft sehr stark durch das mitbeeinflußt wird, was außerhalb, in ihrem Umfeld passiert.

Und dann schließlich die Probleme der Sicherheit. Hier wäre an den Golfkrieg zu erinnern, an die sicherlich nach wie vor stattfindende Proliferation von Waffensystemen, an die wahrscheinlich für uns alle nicht recht kalkulierbare Kraft fundamentalistischer Bewegungen und Bestrebungen. Für Europa stellt sich damit ein Sicherheitsproblem, auf das eine Antwort gegeben werden muß. Und auch dafür gilt: Diese Antwort wird nicht allein in Rom oder in Bonn/Berlin, in Kopenhagen oder einer anderen nationalen Hauptstadt gegeben werden, sondern es kann nur eine gemeinsame Antwort sein.

Die drei genannten Komponenten der europäischen Dimension hängen aufs engste miteinander zusammen: Die Vertiefung der EG zu einer Europäischen Union ist in Beziehung zu sehen zu den Herausforderungen aus dem übrigen Europa, insbesondere in Mittel- und Osteuropa, sowie aus dem internationalen Umfeld. Bei der Vermittlung in Lehre und Unterricht sollte nicht nur jede dieser Komponenten behandelt, sondern auch ihrem Zusammenhang Rechnung getragen werden. Wie das in der Unterrichtspraxis im einzelnen umzusetzen ist, dazu sollen im Verlauf der Tagung Überlegungen angestellt werden, für die ich viel Erfolg wünsche.

Die europäische Dimension in Unterricht und Erziehung - eine Herausforderung für die kulturelle Bildung

Luise Dumrese
Kultusministerium des Landes Mecklenburg-Vorpommern, Schwerin

Meine Damen und Herren!

Die europäische Dimension ist nicht zum ersten Male Thema einer Fachtagung, vom Deutschen Komitee des Zentrums für Europäische Bildung veranstaltet. Diese europäische Dimension ist zu einem terminus technicus geworden, der auf Unterricht und Erziehung zielt, kulturelle Bildung beabsichtigt und ganz allgemein die Perspektive von Unterricht, Lehreraus- und -fortbildung, Lehrplänen und Rahmenrichtlinien aus der eigenen Region nach Europa ausdehnt und damit multikulturell und international verändernd wirkt.

Meine beiden Vorredner erleichtern mir den Einstieg in die weitere Begrifflichkeit meines Themas.

1. Kulturelle Bildung: Die von Herrn Prof. Hrbek erläuternde Einführung in sein Thema über die politische Bildung benutzte insbesondere einen Schlüsselbegriff, nämlich "res publica". Um diesen Begriff in seiner historischen und aktuellen Ausdehnung und Tiefe zu verstehen, braucht man als Grundlage "kulturelle Bildung". So ist wohl politische von kultureller Bildung nicht zu trennen.
2. Unterricht und Erziehung: Herr Kästner beschrieb die europäische Dimension als Erziehung zu fünf wesentlichen Haltungen im Unterricht und stellte die Behauptung auf, daß guter Unterricht Erziehung zu diesen von ihm beschriebenen Haltungen bedeute.

Lernziele

Diese These zustimmend aufzunehmen, heißt, die Frage nach der Praktikabilität guten Unterrichts als Erziehung zu den von Herrn Kästner bestimmten Haltungen zu stellen. Die Antwort führt zu Lernzielen, die etwa wie folgt festzulegen sind:

Die Schüler sollen, um europäische Dimension im Unterricht und durch Erziehung speziell über kulturelle Bildung zu erwerben,

- Europa in seiner Vielfalt kennen und erkennen;
- diese Vielfalt komparatistisch durchdringen, also Fremdverstehen einüben;
- Multikulturalität als Charakteristikum erkennen und für Europa akzeptieren;
- Wir-Gefühl entwickeln für eine multikulturelle Lebensgestaltung und Gesellschaft;
- Sensibilität und Achtung für die vielfältigen europäischen Regionen und die daraus erwachsende notwendig pluralistische Struktur der europäischen Gesellschaft entwickeln;
- Die Einheit der europäischen pluralistischen Gesellschaft in ihrer Regionalstruktur als offene Gesellschaft erkennen und anerkennen.

Wie könnten diese Lernziele für Unterricht und Erziehung realisiert werden? Zur Beantwortung dieser Frage sind eine Anzahl von Vorfragen zu klären.

- Inwieweit bekommt Schule mit dieser Zielvorgabe neuen Unterrichtsstoff, neue Unterrichtsgebiete, neue Fächer?
- Inwieweit können diese Lernziele in Unterrichtsgeschehen umgesetzt werden?
- Wie ist Fremdverstehen als Erziehungsauftrag der Schule zu realisieren?
- Welche Aufgabenfelder wachsen dem Lehrer zu?
- Wie und wo erwirbt der Lehrer Kenntnisse und Erfahrungen zur Bewältigung dieser Aufgaben?

Neue Rahmenpläne zu erstellen reicht nicht aus. Denn an Lehrplanarbeit, Erstellung neuer Curricula ist unsere Schultradition reich, und auch am kulturellen Bildungs- und Erziehungswert z.B. des Fremdsprachenunterrichts ist in Deutschland zu keiner Zeit gezweifelt worden. Dieser Erfahrungen und Traditionen wegen liegt es nahe, die europäische Dimension in Unterricht und Erziehung auf das Erlernen möglichst vieler Sprachen der EG zu beschränken und kulturelle Bildung an der Menge der gekonnten Sprachen und der Perfektion ihrer Beherrschung zu messen. Wäre das alles, wäre es fatal.

Genau deshalb möchte ich Notwendigkeiten und Möglichkeiten didaktisch-konzeptioneller Veränderungen in unseren Schulen und damit in der Lehreraus- und -fortbildung vor allem am Beispiel des Fremdsprachenerwerbs in Verbindung mit der Darstellung von etwas ungewohnten Ansätzen zum Literaturunterricht entfalten.

Zur Realisierung der Lernziele sind folgende Schritte denkbar:
Erstens gehe ich selbstverständlich davon aus, daß mehr Fremdsprachenkenntnisse begrüßenswerte Unterrichts- und Lernziele sind. Im Gymnasium in Mecklenburg-Vorpommern hat der Schüler die Wahl einer 1. Pflichtfremdsprache aus dem Angebot Englisch, Russisch, Französisch, Latein für die Klassenstufe 5 und die Wahl einer 2. Pflichtfremdsprache ab der Klassenstufe 7.
In der Realschule muß eine 1. Fremdsprache, es kann auch eine 2. gewählt werden. In der Hauptschule kann eine Fremdsprache gewählt werden.
Außerdem beginnen wir in diesem Schuljahr mit dem Fremdsprachenunterricht in Klassenstufe 3 als Begegnungsunterricht.
Ein Schulversuch mit leistungsorientierter 1. Fremdsprache ab Klassenstufe 3 und 2. Fremdsprache ab Klassenstufe 5 soll an ausgewählten Schulen unter Nutzung der Erfahrungen mit den ehemaligen R-Klassen und mit wissenschaftlicher Begleitung beginnen.
Zugleich werden dritte Fremdsprachen zukünftig in einer ziemlichen Fülle, jedoch zunächst nur im Gymnasium mit sprachlichem Zweig angeboten: Dänisch, Schwedisch, Polnisch, Russisch, Französisch, Spanisch, Italienisch, Griechisch und Latein.
Fremdsprachenangebot und dadurch intendierte Schulausbildung sind in Mecklenburg-Vorpommern also auf die europäische Dimension hin ausgerichtet. Aber damit ist nur der quantitativ verändernde Schritt getan.
Dazu müssen einige der inzwischen durchgängig nachgewiesenen Forschungsergebnisse zum Spracherwerb methodisch genutzt werden, um qualitativ bessere Sprachkompetenz und davon abhängige Fähigkeiten der Verständigung mit fremdkultureller Lebenswelt zu erreichen.

Forschungsergebnisse zum Spracherwerb
Der amerikanische Anthropologe Charles Hockett (1966) stellte die Grundeigenschaften, die Wesensmerkmale (design features) der Sprache zusammen, die sozusagen im Gehirn vorhanden sind und vom Kind nur hervorgeholt werden müssen.
Dieter E. Zimmer hat in seinem informativen und gleichzeitig amüsanten Büchlein "So kommt der Mensch zur Sprache" (Zürich 1986) in acht Kapiteln alles zusammengetragen, was ein guter Sprachlehrer verarbeitet haben sollte, wenn er erfolgreich unterrichten will:
Mit anderthalb Jahren besitzen Kinder nicht mehr als 50 wortartige Gebilde. Bis zum sechsten Geburtstag steigt ihr Wortschatz gradlinig an. Mit sechs Jahren verstehen sie über 23 700 Wörter; benutzen über 5000. In viereinhalb Jahren nehmen sie also täglich 14 neue Wörter in ihr passives, 3,5 in ihr aktives Vokabular auf. "Lernten die klugen Erwachsenen in der gleichen Geschwindigkeit weiter wie die törichten Kinder, so verfügten sie gegen Ende ihres Lebens über rund 350 000 Wörter passiv und 90 000 aktiv." (S.25).
Zum Vergleich: Hölderlins literarischer Wortschatz umfaßte etwa 7 500, Homers 9 000, Luthers 12 000 und Shakespeares 309 000 Wörter, Benn gebrauchte in seinen Gedichten nur 3 200 (S.24).

Nach dem 10. Lebensjahr läßt die Fähigkeit, eine Sprache schnell und mühelos zu erwerben, langsam nach. Mit der einsetzenden Pubertät ist der Spracherwerb ziemlich abgeschlossen. Sprachkompetenz im eigentlichen Sinne erlangt der Mensch also vor Eintritt in die Pubertät. Ist nun ein Kind vor der Pubertät einer Zweit- oder Drittsprache ausgesetzt, so lernt es diese fast mühelos. Sprachunterricht ist nicht nötig, ein Kind muß die Sprache nur reichlich zu hören bekommen und selber anwenden dürfen.

Man unterscheidet drei verschiedene Zweisprachigkeiten: die nebenordnende, die unterordnende und die vermischende Zweisprachigkeit. Letztere wird durch den unter Sprachwissenschaftlern berühmten Merksatz im Milwaukee--Deutsch - Deutsch in amerikanischer Umwelt - gekennzeichnet: " Die Kau is ober den Fenz gejumpt und hat den Käbitsch gedämitscht - da mußten wir den Karpenter fetschen , damit ers wider fixen tut." Es gibt hier reichlich englischen Wortschatz, aber die Grammatik bleibt bis in die Endungen deutsch. Interferenzen treten also im Lexikon auf, nicht in der Syntax.

Vermischende Zweisprachigkeit dieser Art ergibt sich, wenn Kinder beide Sprachen gleichzeitig in derselben Umgebung, z. B. im Elternhaus hören und benutzen. Unterordnende Zweisprachigkeit wird durch den traditionellen Fremdsprachenunterricht erzeugt; nebenordnende Zweisprachigkeit entsteht, wenn beide Sprachen in verschiedenen Umwelten erworben werden.

So ist es z.B. zu erklären, daß Türken der zweiten Generation in Deutschland in der Regel diese nebenordnende Zweisprachigkeit erworben haben, weil sie mit dem Wechsel der Umwelten von der elterlichen Wohnung in den Kindergarten und später in die Schule auch die Sprache wechselten.

Seit einer umfangreichen Untersuchung der amerikanischen Linguisten Susan Ervin und Charles Osgood (1954) sind sich die Sprachwissenschaftler einig, daß es die nebenordnende Zweisprachigkeit ist, die man anstreben sollte.

Ich sehe für unsere Schul-, Bildungs- und Erziehungspraxis vorläufig vier Möglichkeiten, diese eben skizzierten Forschungsergebnisse angemessen zu berücksichtigen, ohne alle Beteiligten zu überfordern und ohne in die Gefahr zu geraten, Absolutheitsansprüche in irgendeine Richtung geltend machen zu wollen:

Umsetzung und Lehrerfortbildung
1. Es sollte in einem ersten Schritt (z.B. als Langzeit-Schulversuch besonderer Art) zur Nutzung und Erprobung lernpsychologischer Forschungsergebnisse Kindern in getrennten Umwelten das Aufwachsen in Zweisprachigkeit ermöglicht werden. Denkbar wäre, im Kindergarten mit den Kindern nur Englisch oder Französisch oder Russisch zu sprechen und zu spielen, in der Familie und im Elternhaus dagegen nur Deutsch.

2. Ein zweites erfolgversprechendes Modell dürfte die Bilingualität in der Schule sein. Hier werden einige Fächer in der einen, manche in der

anderen Sprache unterrichtet. Es besteht dabei der Nachteil, daß die Umwelt Schule sozusagen sprachlich zweigeteilt wird und die eine Sprache dadurch ein Übergewicht erhält, daß sie auch die Sprache in der außerschulischen Umwelt ist. Hier entsteht zumeist neben der dominanten Erstsprache die Zweitsprache aufgrund der anderen "Fach- oder Sachumwelt". Diese Zweitsprache erhält vermutlich durch den über Fachbezug und Fachbedarf eingeengten Sprachbereich eine nebenordnende Funktion.

3. Zu prüfen bleibt, welche Ergebnisse der (z.B. in Mecklenburg-Vorpommern neu anlaufende) Begegnungsunterricht in der Grundschule haben wird, denn hier ist die Zweisprachigkeit nun endgültig in dieselbe Umwelt verlegt, und es muß sehr darauf geachtet werden, daß es nicht zur oben beschriebenen vermischenden Zweisprachigkeit kommt, die durch später einsetzenden Fremdsprachenunterricht nicht mehr veränderbar ist.

4. Der Fremdsprachenunterricht im traditionellen Sinne wird trotz allem insgesamt als praktikable, weil gewohnte Unterrichtsveranstaltung erhalten bleiben. Allerdings sollte hier die Erkenntnis der günstigsten Lebenszeit als Spracherwerbszeitspanne berücksichtigt werden. Wir sollten also in unseren Schulen den Beginn des Fremdsprachenunterrichts in die Zeit vor Erreichung des 10. Lebensjahres verlegen.

In einer ganzen Anzahl von Schulversuchen wird dies auch schon erprobt, und die Erfahrungen, die in der ehemaligen DDR mit dem früh beginnenden Fremdsprachenunterricht der R-Klassen gemacht worden sind, sollten viel mehr bedacht und ausgewertet werden.

Auf keinen Fall kommen mit der angezielten Zwei- oder Mehrsprachigkeit neue Unterrichtsfächer oder Unterrichtsstoffe in die Schule.

Jedoch wird sich die Unterrichtssprache (in Fall 2) sowie die Methodik (in allen 4 Fällen) ändern und auch eine multikulturelle Didaktik (Fremdverstehen als europäische Dimension der Erziehung) neu konzeptioniert werden müssen. Vor allem sind die Lehrer für alle vier skizzierten Spracherwerbsmöglichkeiten anders auszubilden:

Wir brauchen z.B. ähnlich wie für die musikalische Früherziehung (die heute nicht mehr in Frage gestellt wird)
- Lehrer für sprachliche Früherziehung,
- Lehrer für Grundschulen, in deren Studiengang die Fremdsprachenausbildung nicht mehr ausgespart wird,
- Fachlehrer an Haupt- und Realschulen sowie Gymnasien, die während ihrer Fachausbildung auch eine Fremdsprache als Fachsprache studiert haben, um in dieser Fremdsprache ihr Fach unterrichten zu können.
- Vor allem Fortbildung mit diesen Zielen, um derartigen Spracherwerb in Gang zu setzen.

Für die Fortbildung lassen sich jahrelange Lehr- und Forschungserfahrungen bzw. -ergebnisse aus Hochschulen der ehemaligen DDR nutzen. Ich denke dabei an Arbeiten über Fach- und Wissenschaftssprache innerhalb der Ausländergermanistik z.B. in Anwendung auf Deutsch als Fremdsprache (z.B. Universität Leipzig, Herder-Institut Leipzig). Methoden, Arbeitsweisen und Unterrichtserfahrungen lassen sich für unsere Zwecke nutzen und übertragen auf die Arbeit an bilingualen Schulen. Aber auch im sonstigen universitären Bereich gab es Fremd- und Fachsprachenkurse, z. B.: Englisch für Technikstudenten an der Universität Rostock, spezialisiert bis zur Schiffsbautechnik. An diese Traditionen könnte in der Lehrerfortbildung angeknüpft werden ebenso wie in der Fremdsprachenausbildung der zukünftigen Lehrer aller Fächer in den grundständigen Studiengängen an den Universitäten. Allerdings müßten die Prüfungsordnungen für die Erste Staatsprüfung für die Lehrämter an öffentlichen Schulen solche Qualifikationen auch fordern.

Am Beispiel Fremdsprachenunterricht und an den übrigen zu meinem Thema gehörigen Unterrichtsfächern lassen sich die unter der neuen Zielsetzung "Fremdverstehen" änderungsbedürftigen Ausbildungs- und Unterrichtsanteile entfalten.

Es wird z. B. in unseren Rahmenrichtlinien Französisch wie folgt umschrieben:
"Durch Beschäftigung mit Frankreich und anderen frankophonen Ländern gelangt der Schüler zu einer umfassenden Sicht der aktuellen Welt. Dem dient auch die Einbeziehung bedeutsamer geschichtlicher Entwicklungen. Bei der Beschäftigung mit literarischen Werken in französischer Sprache begegnen dem Schüler andere Lebensschicksale. Er setzt sich mit unterschiedlichen Lebensauffassungen und Weltbildern auseinander und kann dadurch sein Selbst- und Weltverständnis vertiefen und Toleranz gegenüber dem anderen Kulturkreis entwickeln. Daneben ermöglicht ihm der Umgang mit Literatur Erfahrungen im Bereich des Ästhetischen. Literatur wendet sich an Verstand und Gefühl des Schülers und trägt deshalb in besonderer Weise zu seiner Persönlichkeitsbildung bei."
(Vorläufige Rahmenrichtlinien Gymnasium Französisch Klassenstufen 5-12. Herausgeber: Der Kultusminister des Landes Mecklenburg-Vorpommern. Ab Schuljahr 1991/92).

Diese grundsätzlichen Feststellungen können letzten Endes als allgemeines Lernziel für kulturelle Bildung insgesamt gelten. Es wird Fremdverstehen intendiert.
Fremdverstehen (Sylvia Kade: Methoden des Fremdverstehens, Bad Heilbronn/OBB 1983. S.44ff) heißt, den subjektiven Sinnzusammenhang fremder Handlungen zu erkennen und Verständigung darüber herzustellen; Erfahrungen zu machen mit dem Ziele der Verständigung! Diese Verständigung ist aber auch über die anderen Fächer zu erreichen, wenn Themen in der auf Fremdverstehen hin zielenden Art und Weise im Unterricht behandelt werden:
Unsere ersten zur Erprobung im ev. Religionsunterricht in den Klassenstufen 4 und 5 von der Lehrplankommission erarbeiteten Unterrichtsreihen nennen
○   als erstes Thema: "Miteinander leben":
Darin finden sich folgende Unterthemen:

- Gestaltung des Lebens mit anderen;
- Ausländische Mitbürger in unserer Nachbarschaft;
- Wie könnte gute Nachbarschaft mit ihnen aussehen?;

○ als zweites Thema : "Aufbruch in die Freiheit (Exodus)":
- Wunsch nach Geborgenheit und notwendigem Aufbruch;
- Wir erfahren: Andere sind stärker;
- Wir haben Angst vor Neuem;
- Der Exodus ist nicht zu Ende: Auszug aus der Heimat, Aufbruch in eine fremde Kultur! Zurück in die Heimat, Aufbruch aus einer fremden Kultur!

Die Themen fordern nachgerade zur multikulturellen Erziehung heraus. Philosophie als Wahlpflichtfach in den Klassenstufen 11 und 12 des Gymnasiums sieht Themen vor, wie: Einführung in die Philosophie; Ethik; Anthropologie; Erkenntnistheorie; Geschichtsphilosophie; man kennt sie seit eh und je; hier wird Fortbildungsbedarf evident.

Ebenso verhält es sich im Fach Musik. In der Hauptschule wie in der Realschule und im Gymnasium umschreibt die Rahmenrichtlinie drei Lernfelder: Singen und Musizieren, Hören von Musik, Notieren und Lesen von Musik. Was daraus gemacht werden könnte, im Sinne multikultureller Bildung bezogen auf Fremdverstehen, müßte verdeutlicht werden.

Die Rahmenrichtlinie für Kunst und Gestaltung in Hauptschule, Realschule und Gymnasium faßt Bildungs- und Erziehungsziele in den Vorbemerkungen so zusammen, daß ähnlich wie bei Religion und Französisch Erziehungsziele im Sinne europäischer Dimension anklingen: "Der Lehrplan geht davon aus, die Schülertätigkeit auf Lebensbezüge und Gegenstandsfelder zu richten. Das sind z. B.: Individualität, soziale Beziehungen, individuelle und gesellschaftliche Umwelt, Reisen, Gesellschaftsprobleme/Religiosität."

Der Lehrplan Deutsch in der Oberstufe des Gymnasiums: 11/I Deutsche Literatur; 11/II Deutsche Literatur, aber einer von acht Schwerpunkten: Europäische Literatur! und bleibt insgesamt beschränkt auf Lehrstoffe. Didaktische Beschreibungen, die auf über das Fach hinausweisende Zielsetzungen ansprechen, fehlen. So sind diese Deutsch-Themen eher als quantitativer Rahmen zu sehen, welche erzieherischen Qualitäten intendiert sind, wird nicht deutlich.

Grundlage einer neuen Didaktik
Bündelt man alle Themen der genannten Fächer, ist Multikulturalität zwar möglich, Verständigung mit fremdkultureller Lebenswelt nicht ausgespart, aber noch nicht übergeordnetes allgemeines Lernziel. Lehrer können all diese Themen jedoch nur dann im Sinne europäischer Dimension und kultureller Bildung nutzen, wenn sie das Erziehungsziel Fremdverstehen als Grundlage einer neuen Didaktik erkennen und anstreben. Dazu muß ihnen das hierfür notwendige Handwerkszeug allerdings in Aus-, zumindest aber in Fortbildung auch geboten werden.

Ich könnte mir vorstellen, daß für die Lehreraus- und -fortbildung die Beachtung folgender Grundsätze zur Intensivierung einer Didaktik des Fremdverstehens und der Multikulturalität beitrügen:

1. Grundsatz:
Weder auf dem Felde der Erfahrungen, noch auf dem der Verständigung dürfen Schüler allein gelassen werden.

2. Grundsatz:
Wird das Feld der Erfahrungen vom Schüler durchschritten, ist partnerschaftliche Begleitung notwendig, nicht allwissende Führung!

3. Grundsatz:
Dasselbe gilt für die Nutzbarmachung der Erfahrung zum Zwecke der Verständigung.

4. Grundsatz:
Partnerschaftliche Begleitung heißt Akzeptieren der Erfahrungswelt des Schülers.

5. Grundsatz:
Partnerschaftliche Begleitung bedeutet Vorsprung des Lehrers im kognitiven Bereich des Fremdverstehens von Lebenswelten; dieser Vorsprung wird vom Schüler vorausgesetzt.

6. Grundsatz:
Partnerschaftliche Begleitung verlangt vom Lehrer Bereitstellung von Werten und Normen, die die Verständigung mit fremden Lebenswelten auf der Grundlage von Interpretation und Sinndeutung gewährleisten können.

Daß unsere Schüler aller Klassenstufen und Schularten Erfahrungen im skizzierten Sinne sammeln können, ist im Prinzip sichergestellt. Dazu trägt der individuelle wie gruppenbezogene Schüleraustausch bei, dessen Möglichkeiten durch Programme verschiedenster Art vervielfacht wurden. Allein in Mecklenburg-Vorpommern zeigt eine kurze Auflistung von Schulpartnerschaften (gegenwärtiger Stand), wie stark der Wunsch nach Erfahrungen "vor Ort" ist: Mit Dänemark 16, mit Großbritannien 14, Frankreich 11, Schweden 9, Polen 5, Italien, Schweiz je 2, Lettland, Finnland, Belgien je 1. Diese Partnerschaften zeichnen sich durch wechselseitigen Austausch von Schülergruppen aus, deren Unterbringung in Familien des jeweiligen Gastlandes, Teilnahme am Unterricht der Partnerschule und an gemeinsamen Schulprojekten.

Daneben gibt es noch Partnerschaften aus DDR-Zeiten mit Jugendgruppen aus osteuropäischen Ländern, die erhalten sind. Ein Beispiel ist das Rostocker Freizeitzentrum, das aus einem Pionierhaus hervorging. Für 1989 hatte man sich ein Jahr vorher - so wurde in der Regel geplant - auf ein Sommerlagerthema festgelegt. Theaterspiel war angesagt und das Stück hieß "Achtung - Schwein". Der Text wurde an alle beteiligten Gruppen verschickt, in die jeweilige Landessprache übersetzt und als Theaterstück einstudiert. Die Aufführungen fanden dann während des Sommerlagers statt und waren - so wurde mir berichtet - für alle Gruppen ein Vergnügen.

Bei pädagogischer Durchleuchtung dieses Beispiels bleibt trotz aller sonstigen Einwände einiges Überlegenswerte übrig:

- Theaterspiel in den jeweils eigenen Muttersprachen,
- vorbereitet von der Übersetzung bis zur Aufführung;
- in einer dafür existierenden Arbeitsgemeinschaft von Schülern über ein Schuljahr hin, außerhalb der Schule;

- Schüler verschiedener Altersstufen,
- Erarbeitung unter Anleitung von Pädagogen/Lehrern,
- einsehbar sachbezogene Auseinandersetzung mit Fremdsprache,
- Auseinandersetzung mit fremder Lebenswelt, die im Spiel "echt" wirken muß, Verständigung anzustreben und auch zu erreichen hat.

Fremdverstehen wird hier eingeübt über die Beschäftigung mit "Kulturgut" aus einer fremden Lebenswelt, und zwar mit Mitteln des Spiels, des sich Hineinfühlens in andere Rollen im echten Sinne. Dazu bedarf es allerdings auch der Anleitung durch Pädagogen, die diese Einfühlung für sich schon geleistet und möglichst auch reflektiert haben. Hier liegt ein weites Feld von kultureller Bildung im Sinne der Vermittlung von Fremdverstehen vor uns, das es zu nutzen gilt.

Allerdings geht es nicht ohne Lehrer im Sinne der eben aufgestellten Grundsätze, damit Erziehung zur Verständigung stattfindet. Das Aufgabenfeld des Lehrers wird sich erweitern über den reinen Fachunterricht hinaus um die pädagogische Dimension eines Erziehungsauftrags, der wiederum ohne Fächer als Träger der inhaltlichen Komponente von kultureller Bildung nicht zu erfüllen ist. So bedingen und durchdringen sich Erziehung und Unterrichtung, ohne das letzteres Selbstzweck im positivistischen Sinne ist.

Besinnung auf die europäische Kultur
Der Lehrer kann, wie oben dargelegt, in den thematischen Schwerpunktsetzungen unserer vorläufigen Rahmenrichtlinien und den Möglichkeiten, Erfahrungen zu machen, dieses Erziehungsziel "Fremdverstehen" angehen, wenn durch Fortbildung diese Sensibilisierung hergestellt wird. Ernst Robert Curtius hat in seinem Werk "Europäische Literatur und lateinisches Mittelalter", 1948 in Bern erschienen, die Besinnung auf die europäische Kultur eingefordert. Für ihn ist schon damals klar, "daß Europa nur ein Name, ein geographischer Ausdruck ist, wenn es nicht eine historische Anschauung ist." (S.16) Diese Anschauung zu vermitteln sei eigentlicher Auftrag der Schule, so meint er. Jedoch gebe es weder in den Lehrplänen unserer Schulen noch in der Geschichtswissenschaft eine Gesamtansicht Europas. "So wird Europa in Raumstücke zerlegt. Durch Einteilung in Altertum, Mittel-

alter, Neuzeit wird es außerdem in Zeitstücke zerlegt." (S.16)

Daß diese "Zerstückelung" zur Umsetzung in Unterrichtsgeschehen aus lernpsychologischen Gründen notwendig ist, wird wohl nicht zu leugnen sein. Aber ebenso selbstverständlich muß auf die Analyse die Synthese folgen. Ernst Robert Curtius hat dabei den Kulturwissenschaften der Nachkriegszeit ihre Verantwortung bei der Verbreitung kultureller Bildung zugewiesen. Wer wollte das für die Gegenwart bestreiten? In jeder Hinsicht betont er die europäische Dimension kultureller Bildung und zeigt die gemeinsamen Kulturwurzeln Europas im lateinischen Mittelalter.

In der Lehrerfortbildung könnten die Anregungen aus diesem Buch für die Umsetzung der europäischen Dimension in Unterricht und Erziehung, bezogen auf die bisher betriebene kulturelle Bildung, genutzt werden. Ich möchte das wie folgt begründen:

1. Hier lassen sich die theoretischen Grundlagen für die neuen Aufgabenfelder erwerben, die zur Kenntnis der Vielfalt europäischer Literatur und europäischen Geistes führen, die Kleinlichkeiten unterschiedlicher Nationalismen augenfällig werden lassen und so die Einheit von Werten und Sinndeutungen hervorheben, auf deren Grundlage europäische Dimension von Kultur deutlich wird.
    Von hier aus lassen sich auch kleinliche Arroganz, Selbstgefälligkeit und Herrenmenschentum, verbunden mit Kultur- und Fremdenhaß, die ebenso in diesem europäischen Kulturraum entstanden sind, zu Kriegen und Völkermord ohnegleichen geführt haben und bis heute nicht überwunden sind, als Teil europäischer Dimension erkennen. Dieser Teil ist die Schattenseite, aber sie ist in Unterricht und Erziehung den Schülern darzulegen, nicht auszusparen.
    Gerade die Tragödie der deutschen Geschichte, nicht zuletzt der deutschen Kultur, zu verantworten von Menschen, die zur Schule gegangen sind und kulturelle Bildung genossen haben, zeigt die Notwendigkeit, die positiven Normen und Werte der europäischen Dimension kultureller Bildung als Lern- und Erziehungsziele so überzeugend zu vertreten, daß gut und böse für Schüler und Jugendliche unterscheidbar werden.

2. Benutzt man Curtius Werk als Anregung zur Erstellung eines didaktischen Konzepts für Unterricht und Erziehung an unseren Schulen unter dem Aspekt von Vielfalt und Einheit Europas, wäre wohl am ehesten Fremdverstehen statt Fremdenhaß, Achtung und Akzeptanz fremder Kulturen über die Liebe und Pflege der eigenen Regionalkultur zu erreichen.

3. Daß Ernst Robert Curtius zudem seine These an der europäischen Literatur entwickelt, macht sein Werk zur Entwicklung einer multikulturellen Didaktik für europäische Bildung besonders brauchbar. Literatur ist für ihn jede durch Sprache im Text festgehaltene Kulturausprägung, die Fremdverstehen über die gefühlsmäßige und intellektuelle Beteiligung des Menschen, d.h. durch verstehende Sinndeutung, provozieren kann.

Literatur so verstanden ist zur Realisierung kultureller Bildung, die in der europäischen Dimension multikulturelle Bildung ist, deshalb besonders geeignet, weil sie

- künstlerische, soziale und fremdweltbezogene Komponenten hat,
- durch Unterricht vermittelbar ist,
- multikulturelle Hermeneutik ermöglicht,
- Verständigungsbereitschaft mit dem Fremden vorbereitet;
- alle traditionellen Unterrichtsfächer betreffen kann.

4. Als Methode zur Eröffnung von Fremdverstehen empfiehlt Ernst Robert Curtius die Philologie, die bei unseren Lehrern in Europa in Aus-, Fort- und Weiterbildung Sensibilität für ihre erzieherische Aufgabe erzeugt, weil Philologie zur genauen Beobachtung erzieht und zur Sinndeutung des Beobachteten anregt. Es geht um die Vermittlung von Interpretationsmethoden, die auf multikultureller Hermeneutik fußen und Verständigung mit dem Fremdseelischen schaffen. Es gilt, daß "jede Erfahrung vom Fremdseelischen auf der Selbstauslegung der eigenen Erfahrung von einem alter Ego beruht" (Sylvia Kade, Methoden des Fremdverstehens. Bad Heilbronn/OBB 1983 S.44) Dieses alter Ego entsteht im Prozeß des Fremdverstehens immer dann, wenn der Be-

obachter einer fremden Handlung diese dadurch versteht, daß er seine eigenen Handlungen damit vergleicht. Auf dieser Basis kann der Lehrer im Schüler ein Weltbild, das von den Idealen der aus europäischer Tradition gewachsenen Menschenrechte geprägt wurde, entwickeln helfen.

Die Herausforderung an die kulturelle Bildung in Europa ist letztlich also eine Herausforderung an die Bildungsträger. Die neuen Aufgabenfelder für Lehrerinnen und Lehrer sind damit umschrieben. Nicht allein und nicht hauptsächlich Unterrichtsfächer, Lehrpläne oder Lehrbücher sind zu verändern, sondern das Erziehungsziel des Fremdverstehens als Richtschnur allgemeiner Didaktik ist zu überdenken und damit im Sinne der europäischen Tradition unseren Schülern kulturelle Bildung zu vermitteln. So kann die europäische Dimension einer Erziehung zu multikultureller Offenheit, zu Frieden und Freiheit, mitmenschlicher Verantwortung und Brüderlichkeit konzipiert werden.

In der 1. und 2. Phase der Lehrerausbildung ist die europäische Dimension, wie im Memorandum zur Hochschulbildung eingangs zitiert, noch wenig vorhanden. Deshalb ist zum gegenwärtigen Zeitpunkt eben die Lehrerfortbildung besonders gefragt. Lehreraustausch mit anderen Mitgliedsstaaten ist ein Standbein derselben. Er ist für die gesamteuropäische Lehrerfortbildung von großem Nutzen, vor allem die LINGUA-Programme sind in gewisser Weise auf die Entstehung von Fremdverstehen hin orientiert, ähnliches kann man von den CDCC-Programmen sagen.

Europäischen Ausbildungsabschnitte in der Lehrerausbildung
Ich will das an einigen Beispielen aus Mecklenburg-Vorpommern nachzeichnen:
Die CDCC-Programme bieten Fortbildungskurse in europäischen Staaten an, an denen jeweils ausländische Fremdsprachen- lehrer in reguläre Lehrerfortbildung des eigenen Landes integriert werden. Für 1992/93 werden z. B. 1 Lehrer aus Norwegen und 3 aus Schweden in Mecklenburg-Vorpommern an regulären Lehrerfortbildungsveranstaltungen teilnehmen, sie erweitern ihre Fremderfahrungen.

In diesem Jahr führen wir außerdem einen einwöchigen Fortbildungskurs für 15 belgische Geschichtslehrer zum Thema "Entwicklung des Geschichts- und Sozialkundeunterrichts in Mecklenburg-Vorpommern" durch und werden Geschichte zum Anfassen an historischen Plätzen unseres Landes vermitteln, ohne die Zeitgeschichte auszusparen, so daß vielleicht "Fremdverstehen" durch kulturelle Bildung im beschriebenen Sinne nicht ausbleibt.

Im Rahmen von ARION, ebenfalls ein EG-Programm, ist für 12 Teilnehmer aus europäischen Staaten eine einwöchige Informationsfortbildung über Lehreraus-, -fort- und -weiterbildung geplant. Außerdem sollen über das CDCC-Programm 4 - 6 Teilnehmer in verschiedene Fortbildungsangebote unseres L.I.S.A. integriert werden. Innerhalb des Programms LINGUA I,2 wird zwischen Dänemark, Frankreich und Mecklenburg-Vorpommern ein multilaterales Projekt zur Zusammenarbeit in der Lehrerfortbildung erarbeitet.

Besonders gefragt ist zudem die Tätigkeit als Fremdsprachenassistent. Allein nach Großbritannien und Irland sind im Schuljahr 1991/92 13 Studierende bzw. Lehrer gegangen. Für 1992/93 lagen 38 Bewerbungen vor. Auch nach Frankreich sind die Bewerberzahlen steigend: Von 6 1991/2 auf 8 1992/3. In Mecklenburg-Vorpommern waren es 1991/2 18 Fremdsprachenassistenten aus EG-Staaten und 6 aus USA und Kanada. Für 1992/3 liegen 16 Neuanmeldungen aus GB, Frankreich und Spanien vor. Alle Programme führen zur Sammlung von Erfahrungen in fremdkultureller Umwelt.

Damit Fortbildungsprogramme derart fruchtbar werden, müßte nun im Anschluß an die Teilnahme an einem solchen Programm pädagogisch-soziologisch im Sinne der Vermittlung, Erkenntnis und Durchdringung von Methoden des Fremdverstehens in Fortbildungsveranstaltungen im Heimatland - in diesem Falle in Mecklenburg-Vorpommern - eine Nachbereitung im genannten Sinne, mit den obengenannten Zielen stattfinden.

Aber auf Dauer ist eine Vorbereitung der grundständig auszubildenden Lehrer auf die europäische Dimension über das Erlernen einer Fremdsprache hinaus erforderlich, darum zum Schluß noch ein Wort zu möglichen

Veränderungen der grundständigen Lehrerausbildung.

Jeder könnte einen Ausbildungsabschnitt von 3-5 Monaten im Austausch mit Berufsanfängern anderer Mitgliedsstaaten, in jedem Falle im angestrebten Lehramt und in den studierten Fachbereichen, im europäischen Ausland seiner Wahl absolvieren. Dieser Abschnitt der Lehrerausbildung ist aber nur zu realisieren, wenn in allen Bundesländern und allen Mitgliedsstaaten die vorbehaltlose Anerkennung und Anrechnung untereinander und nach außen bzw. innen garantiert wird.

Die schon jetzt voraussagbaren Positiva eines solchen europäischen Ausbildungsabschnittes in der Lehrerausbildung werden nicht nur auf der Erfahrungsebene zu finden sein.
Eine derart gestaltete 2. Phase der Lehrerausbildung ergibt größere, nicht nur europäisch, sondern weltbürgerlich relevante Professionalisierung, weil folgende Lern- bzw. Erkenntnisschritte des Referendars in Gang gesetzt werden:
- andere Bildungssysteme und Ausbildungswege kennenlernen,
- Integrationsfähigkeit und Integrationsmöglichkeit in fremde Welt und Umwelt erfahren, erproben, erkennen;
- die eigene Lebenswelt an der fremden vergleichend prüfen;
- neue Lebenswelt gewinnen,
- Lernziel "Fremdverstehen" in die didaktische Handlungsebene einpassen.

Das hier über die zweite Phase Gesagte führt zu mindestens einer Forderung für die 1. Phase der wissenschaftlichen Lehrerausbildung an den Universitäten: Die dort gelehrte allgemeine Pädagogik ist auf ihre Relevanz für diese Lehrerausbildung zu überprüfen; zumindest Zugänge zum Fremdverstehen sind zu schaffen und zu einem wesentlichen Thema der Humanwissenschaften zu gestalten. Die Studierenden aller Fachrichtungen sollten im Rahmen ihrer allgemeinen pädagogischen Studien an der Universität mit Problematik und Methoden des Fremdverstehens vertraut gemacht werden, so daß in der 2. Phase der Lehrerausbildung auf dieser theoretischen Basis aufgebaut werden kann.

Die Lehrerausbildung muß bestrebt sein, die Fachinhalte vergleichend mit dem angestrebten Erziehungsziel "Fremdverstehen in multikultureller Gesellschaft" erkenntnistheoretisch zu durchdringen und von der allgemeinen Didaktik her auf ihre Relevanz zu überprüfen.

Ist der Lehrer im Laufe seines wissenschaftlichen Studiums an der Universität in diesem Sinne ausgebildet und vorbereitet, sollte in der 2. Phase die Überprüfung der Theorie an der praktischen Erfahrung erfolgen, so daß der fertig ausgebildete Lehrer danach diese Dimension der kulturellen Bildung an seine Schüler weitervermitteln kann.

Lehrerfortbildung zur europäischen Dimension - ein Praxisbericht
Dr. Hans Dohm
Direktor des Landesinstituts Schleswig-Holstein für Praxis und Theorie der Schule (IPTS), Kronshagen

Meine sehr geehrten Damen und Herren,

Für diejenigen unter Ihnen, die aus anderen Nationen hierher gekommen sind und vielleicht die Topographie Deutschlands nicht ganz genau kennen, möchte ich das Land Schleswig-Holstein ganz kurz beschreiben. Es ist das nördlichste Land in der Bundesrepublik Deutschland, Teil der jütländischen Halbinsel. Wir nennen es das "Land zwischen den Meeren"; im Osten liegt die Ostsee, im Westen die Nordsee. Das Land mißt an seiner breitesten Stelle vielleicht 150 Kilometer, in der Länge gut 200 Kilometer. Es liegt verkehrsgeographisch ungünstig; z.b. sind die europäischen Zentren wie Brüssel oder Straßburg recht weit entfernt.

Aber Schleswig-Holstein bildet die "Brücke zum Norden", in den skandinavischen Raum hinein. Es unterhält traditionell auch zu den anderen Anrainerstaaten der Ostsee enge Beziehungen, in die seit dem Ende des Ost--West-Konflikts zunehmend ebenfalls die Staaten des ehemaligen Ostblocks einbezogen werden, einschließlich der wiederbegründeten baltischen Staaten und hier besonders Estlands. Schleswig-Holstein hat etwa 2,6 Mill. Einwohnerinnen und Einwohner; den Schulen stehen insgesamt rd. 20.000 Lehrerplanstellen zur Verfügung.Ein kleines Land also, unter europäischen Gesichtspunkten eher in einer Randlage, mit begrenzten Möglichkeiten - und dennoch (vielleicht gerade deshalb) geben wir uns sehr viel Mühe, die europäische Dimension zu pflegen.

Das Landesinstitut Schleswig-Holstein für Praxis und Theorie der Schule (IPTS) arbeitet im Auftrage der Bildungsminister des Landes. Seine Aufgaben sind im Schulgesetz festgelegt; sie liegen in der Berufseinführung, der zentralen und regionalen Lehrerfort- und weiterbildung sowie in Beratungsaufgaben für alle, die auf dem Gebiet der Schule arbeiten. Das können Lehrkräfte sein, Eltern, Schulträger oder auch das Bildungsministerium (z. B.

Schulbuchzulassung). Dem IPTS ist auch die Landesbildstelle mit ihrer Arbeit für die schulische und außerschulische Jugend- und Erwachsenenbildung eingegliedert.

Wesentliche Leitlinien
Die wesentlichen Leitlinien, die den Schulunterricht und die Aus- und Fortbildung der Lehrerinnen und Lehrer zum Thema "Europa" unmittelbar strukturieren und binden, sind im Schleswig-Holsteinischen Schulgesetz und den entsprechenden Elementen der Lehrpläne enthalten. Konkrete Festlegungen sind getroffen in

- dem Erlaß "Europa im Unterricht" (X 410 C - 11 - 01/9) vom 23.4.1991 (NBL. MBWJK. Schl.-H. 1991, S. 247-250), fußend auf dem Beschluß der Kultusministerkonferenz "Europa im Unterricht" vom 7. Dezember 1990 und

- der Antwort der Landesregierung auf die Große Anfrage der Fraktion der SPD "Entwicklung des allgemeinbildenden Schulwesens von 1988 bis 1991" (Schleswig-Holsteinischer Landtag, 12. Wahlperiode, Drucksache 12/1658 vom 4.10.1991).

Beide Dokumente berücksichtigen die auf europäischer Ebene auch unter Mitwirkung der Bundesrepublik Deutschland gefaßten einschlägigen Entschließungen und Empfehlungen und bilden den Rahmen für die Lehrerbildung auf diesem Gebiet.
Im einzelnen ergeben sich deren Ziele unmittelbar aus den Bildungs- und Erziehungszielen für die Schülerinnen und Schüler.

Bildungs- und Erziehungsziele
Auf allgemeiner Ebene:

- Berücksichtigung der "europäischen Dimension" durch die Stärkung des Bewußtseins von der "europäischen Identität".

- Verdeutlichung des gemeinsamen historischen Erbes und des Wertes der gemeinsamen kulturellen Tradition hinsichtlich bestimmter Grundwerte staatlichen, gesellschaftlichen und individuellen Lebens und Zusammenlebens (historische Perspektive); dabei gleichzeitig aber auch Betonung der Identität der einzelnen Regionen.

- Vorbereitung auf das Leben in der Europäischen Gemeinschaft und deren Mitgliedsstaaten sowie auf die Aufgabe, die Europäische Union vorzubereiten durch Vermittlung solider Grundkenntnisse über die zunehmend "gemeinsame Lebenswirklichkeit". Dazu gehört auch die Vielzahl der Verflechtungen mit außereuropäischen Völkern und Staaten (aktuelle politisch-sozial-ökonomische Perspektive).

Auf fachspezifischer Ebene im Bereich der politischen Bildung:

Vermittlung von Kenntnissen und Einsichten über
- die geographische Vielfalt des europäischen Raumes mit seinen naturräumlichen, sozialen und wirtschaftlichen Strukturen;

- die politischen und gesellschaftlichen Strukturen Europas, - die prägenden geschichtlichen Kräfte in Europa, vor allem die Entwicklung des europäischen Rechts-, Staats- und Freiheitsdenkens;

- die Entwicklungslinien, Merkmale und Zeugnisse einer auch in ihrer Vielfalt gemeinsamen europäischen Kultur;

- die Geschichte des europäischen Gedankens und die Integrationsbestrebungen seit 1945;

- den Interessenausgleich und das gemeinsame Handeln in Europa zur Lösung wirtschaftlicher, ökologischer, sozialer und politischer Probleme;

- die Aufgaben und Arbeitsweise der europäischen Institutionen.

Auf fächerübergreifender, wertorientierter Ebene:

- Bezug der Grundwerte des staatlichen, gesellschaftlichen und individuellen Lebens auf das Leben in der europäischen Völker- und Staatengemeinschaft.

- Bereitschaft zur Verständigung, zum Abbau von Vorurteilen und zur Anerkennung des Gemeinsamen unter gleichzeitiger Bejahung der europäischen Vielfalt;

- eine kulturübergreifende Aufgeschlossenheit, die die eigene kulturelle Identität wahrt;

- Achtung des Wertes europäischer Rechtsbindungen und Rechtsprechung im Rahmen der in Europa anerkannten Menschenrechte;

- die Fähigkeit zum nachbarschaftlichen Miteinander und die Bereitschaft, Kompromisse bei der Verwirklichung der unterschiedlichen Interessen einzugehen, auch wenn sie Opfer zugunsten anderer einschließen;

- Eintreten für Freiheit, Demokratie, Menschenrechte, Gerechtigkeit und wirtschaftliche Sicherheit;

- Willen zur Wahrung des Friedens in Europa und in der Welt.

(Zusammengestellt bzw. zitiert aus dem o.g. Europa-Erlaß 1991)

Formen der Lehrerfortbildung
Auf der Grundlage dieser bildungspolitischen Zielvorgaben führt das IPTS regelmäßig Maßnahmen der Lehrerfortbildung durch. Am intensivsten geschieht dies durch Fortbildungsveranstaltungen für Lehrerinnen und Lehrer. Andere Formen, insbesondere die Erstellung von Unterrichtsmaterialien, werden ebenfalls eingesetzt.

Es gibt in Schleswig-Holstein kein eigenes Unterrichtsfach, das ausschließlich der politischen Bildung gewidmet ist, sondern Inhalte der politischen Bildung - und darunter auch die europäische Dimension - sind verpflichtende

Bestandteile in den Lehrplänen der Fächer Erdkunde und Geschichte (alle allgemeinbildenden Schularten), Wirtschaft/Politik (Hauptschulen, Realschulen, Sonderschulen), Weltkunde (Gesamtschulen), Wirtschaftslehre (Wahlpflichtbereich der Gesamtschulen), Gemeinschaftskunde (berufsbildende Schulen). Bezogen auf diese Fächer bietet das IPTS Fortbildung zum Thema "Europa" an.

Die Teilnahme ist - wie bei allen Veranstaltungen des IPTS - prinzipiell freiwillig. Die Veranstaltungen werden grundsätzlich schulart- und (im Kanon der Fächer mit Inhalten der politischen Bildung) fächerübergreifend organisiert.

Von besonderer Bedeutung für die Anlage der Lehrerfortbildung in diesem Bereich ist das partnerschaftliche Verhältnis, welches das Landesinstitut zu anderen Bildungseinrichtungen - außerhalb der Lehrerbildung im engeren Sinne - unterhält. Bezogen auf den Themenbereich "Europa" arbeitet das IPTS insbesondere mit folgenden Institutionen sehr eng zusammen:

- Europäische Akademie Schleswig-Holstein in Leck/Nordfriesland
- Landeszentrale für Politische Bildung, Kiel
- Bildungszentrum Tannenfelde der Studien- und Fördergesellschaft der Schleswig-Holsteinischen Wirtschaft
- Ostsee-Akademie, Lübeck-Travemünde
- Ostkolleg, Köln
- Deutsche Vereinigung für Politische Bildung
- Verbraucherinstitut, Berlin, und Verbraucherzentrale Schleswig-Holstein, Kiel
- Paul-Löbe-Institut, Berlin.

Die Lehrerfortbildung geht allerdings - und natürlich - über den Fächerbereich der politischen Bildung hinaus. Ich möchte das in aller Kürze zumindest andeutungsweise skizzieren, bevor ich im Detail über Schwerpunktsetzungen und Erfahrungen in der politikbezogenen Lehrerfortbildung berichte.

Die politischen, wirtschaftlichen und kulturellen Veränderungen in Europa werden in allen Schularten rezipiert und als Fragen nach den schulpädagogischen Konsequenzen in der Lehrerfortbildung aufgegriffen. Zu ihrer relativ breit angelegten Diskussion wird im IPTS das Instrument der Schulleiterfortbildung eingesetzt. Im Bereich der Gymnasien und Gesamtschulen beispielsweise wurde im Jahr 1991 eine dreitägige Fortbildungstagung "Die Europäische Einigung und das Gymnasium in Deutschland" durchgeführt. Den teilnehmenden Schulleiterinnen und Schulleitern standen kompetente Gesprächspartnerinnen und -partner aus Wirtschaft und Verwaltung zur Verfügung.

Weitere Hinweise auf Lehrerfortbildungsveranstaltungen des IPTS in diesem Bereich kann ich nur stichwortartig geben, indem ich auf verschiedene Veranstaltungen und Initiativen in den Fächern Englisch, Französisch, Dänisch, Spanisch und Textiles Werken hinweise. Eine sehr umfassend geplante Tagung zum Thema "Die Rezeption der deutschen und europäischen Kultur im Schulbuch" ließ sich aus finanziellen Gründen leider bisher nicht verwirklichen; sie steht aber weiterhin auf der Liste unserer Planungen.

Schulart- und fächerübergreifende Lehrerfortbildung im Kanon der Fächer der politischen Bildung
Die Auseinandersetzung mit Fragen Europas und seiner Entwicklung ist in allen Bildungsgängen verpflichtender Bestandteil der Fächer Erdkunde, Geschichte, Gemeinschaftskunde, Wirtschaft/Politik sowie weiterer Fächer mit wirtschafts- und rechtskundlichen Inhalten (insbesondere im berufsbildenden Bereich). Dabei geht es z.B. in Erdkunde zuerst um Grundkenntnisse über den Raum Europas mit der Vielfalt seiner Landschaftstypen und um seinen seit Jahrhunderten durch den Menschen geprägten Kultur-, Umwelt- und Wirtschaftsraum; in Geschichte um die Herkunft der europäischen Völker und Staaten und die Ursprünge der ihren Weg bestimmenden politisch-sozialen, weltanschaulichen und religiösen Bewegungen, Machtkämpfe, Ideen und Kulturschöpfungen; in Gemeinschaftskunde um die bestehenden und sich verändernden politischen, gesellschaftlichen und wirtschaftlichen Abläufe und Ordnungssysteme, ihre Werte, Normen und Realitäten; in den Fächern mit wirtschafts- und rechtskundlichen Inhalten um

die ökonomischen und rechtlichen Grundlagen des zusammenwachsenden Europas und den Interessenausgleich zwischen wirtschaftlichen, ökologisch und sozialen Zielen. Die Befähigung zur Teilhabe am sozialen und wirtschaftlichen Geschehen in Europa gehört zu den vorrangigen Zielen des Politikunterrichts und in den Fächern mit wirtschafts- und rechtskundlichen Inhalten. (Quelle: Europaerlaß)

Auf dieser Grundlage werden die Lehrerfortbildungsveranstaltungen des IPTS konzipiert. Dabei wird das Prinzip des schulart- und fächerübergreifenden Ansatzes in der Lehrerfortbildung beachtet. Ziel ist es, daß Offenheit für verschiedene Perspektiven besteht. Diese Tendenz wird verstärkt durch die Kooperation mit Bildungseinrichtungen außerhalb der Lehrerbildung im engeren Sinne.

In der Praxis der Lehrerfortbildung des IPTS haben sich in der politischen Bildung zum Themenbereich "Europa" drei Arten von Lehrerfortbildungsveranstaltungen herausgebildet:

Veranstaltungen mit historischen und zeitgeschichtlichen Fragestellungen
Ausgangsfach: Geschichte

Zusammenarbeit mit verschiedenen Einrichtungen der politischen Bildung (Europäische Akademie Schleswig-Holstein, Ostsee-Akademie, Deutsche Vereinigung für politische Bildung),
Teilnehmerkreis: Lehrkräfte der Fächer im Kanon der politischen Bildung
Dauer: 2-5-tägig, mit Exkursionen bis zu 9-tägig
Themenbeispiele:
- Zur Entwicklung Europas: Politischer, wirtschaftlicher und gesellschaftlicher Wandel .... - am Beispiel der Republik Polen (mit Exkursion)
- Zur Entwicklung Europas: Frauen in Europa - Eine aktuelle Bestandsaufnahme zu ihrer Situation in Staat und Gesellschaft im internationalen Vergleich

Erfahrungen:
Die Angebote wurden - insbesondere wenn sie mit Exkursionen verbunden

waren - durchweg gut angenommen, und zwar auch dann, wenn sie erhebliche finanzielle Eigenaufwendungen einschlossen und während der Ferienzeit durchgeführt wurden. Es wurde bewußt darauf geachtet, über "EG-Europa" und die damit verbundenen Zielvorgaben hinaus auch die ostmittel- und osteuropäischen Staaten in das Blickfeld der Lehrkräfte zu rücken. Dabei messen wir der Vermittlung von persönlichen "Primärerfahrungen" vor Ort - neben der systematisch-strukturellen Vor- und Nacharbeit - großes Gewicht bei.

Vorausschau:
Wir streben an, diese Angebote im wesentlichen fortzuführen, soweit die uns zur Verfügung stehenden Mittel es erlauben.

Veranstaltungen mit geographischen und ökonomischen Fragestellungen
Ausgangsfächer: Erdkunde, Fächer der Wirtschaftslehre, Wirtschaft/Politik

Zusammenarbeit mit dem Bildungszentrum Tannenfelde der schleswig-holsteinischen Unternehmensverbände
Teilnehmerkreis: Lehrkräfte der Fächer im Kanon der politischen Bildung
Dauer: in der Regel 2 1/2-tägig
Themenbeispiele:
- Der europäische Binnenmarkt und seine Auswirkungen
- wirtschaftliche und politische Entwicklungen Osteuropas
- wirtschaftliche und politische Entwicklungen des Ostseeraums, u.a. als deutsch-schwedische Gemeinschaftsveranstaltung

Erfahrungen:
Bisher lagen meistens mehr Anmeldungen als Teilnehmerplätze vor. Der fächer- und schulartübergreifende Ansatz, einschl. der berufsbildenden Schulen, mit seinen Möglichkeiten des Eindringens in verschiedene Sichtweisen erwies sich in besonderer Weise als ursächlich für den großen Erfolg der Veranstaltungen.

Vorausschau:

Das IPTS will sich bemühen, jetzt folgende Schwerpunkte in den Vordergrund zu stellen:
- Die Erweiterung der EG. Die Problematik, die sich aus der Erweiterung ergibt, wird ein wesentliches Thema von Fortbildungsveranstaltungen sein und knüpft an die Schwerpunkte in der Vergangenheit an.

- Europa-Nordamerika-Japan. Die Wirtschaftsblöcke im Vergleich zu behandeln ist ein durchgängiges Lehrplanthema.

- Europa und die Dritte Welt. Die AKP-Staaten sind bereits mit den EG-Staaten verbunden. Defizite bestehen noch in der Auffassung, welche moralische (und materielle) Verantwortung Europa zu leisten hat.

- Osteuropa. Da die Veränderungen noch überhaupt nicht absehbar sind, sollen ad-hoc-Schwerpunkte in der Lehrerfortbildung ansetzen. Nicht realisierbar wäre die Erarbeitung aller Einzelstaaten Europas. Im Sinne einer politischen und wirtschaftlichen Einheit wäre das auch nicht wünschenswert.

Veranstaltungen mit institutionellen und politischen Fragestellungen
Ausgangsfach: Gemeinschaftskunde (berufsbildendes Schulwesen)

Zusammenarbeit mit verschiedenen Einrichtungen der politischen Bildung (Europäische Akademie Schleswig-Holstein, Ostkolleg, Ostsee-Akademie, Deutsch-Atlantische Gesellschaft, Paul-Löbe-Institut, Berlin)
Teilnehmerkreis: Lehrkräfte im Kanon der politischen Bildung aller Schularten
Dauer: 2-5-tägig
Themenbeispiele:
- Europa im Wandel: Perspektiven und Probleme der politischen Integration
- Europa im Wandel: Deutschland und seine Nachbarn im Osten
- Europa im Wandel: Problemfeld Einheit Deutschlands
- Europa im Wandel: Zukunft der Nato und der Bündnissysteme

Erfahrungen
Im Bereich der Gemeinschaftskunde hat sich die Zusammenarbeit mit Trägern der Erwachsenenbildung in besonderer Weise herausgebildet. Dadurch konnten u.a. "länderoffene" Tagungen nach der deutschen Vereinigung realisiert werden. Teilnehmerinnen und Teilnehmer kamen auch aus Nachbarländern Schleswig-Holsteins. Aufgrund der unterschiedlichen Erfahrungen und Vorprägungen konnten alle Beteiligten viel voneinander lernen.

Vorausschau:

Das IPTS will sich bemühen, jetzt folgende Schwerpunkte in den Vordergrund zu stellen:
- Einigung und Erweiterung Europas; Probleme
- europäische und nationale Identität; Gefahr des Nationalismus
- Vermeidung einer allein europazentrischen Betrachtung
- Europa und Japan, Nordamerika, Dritte Welt
  weiterhin "länderoffene" Veranstaltungen

Um noch kurz einen Eindruck von den Teilnehmerzahlen zu geben, sei das Jahr 1991 als Beispiel herangezogen. Im Kontext der Fächer, die zur politischen Bildung gezählt werden, sind im vergangenen Kalenderjahr 14 Veranstaltungen angeboten worden. Sie dauerten zwischen 2 Halbtagen und 18 Halbtagen. Insgesamt haben 335 Lehrkräfte teilgenommen; die durchschnittliche Teilnahme aller dieser Lehrkräfte betrug 7 Halbtage. Das bedeutet einen sehr erfreulichen Zuspruch zu dieser Thematik.

Erarbeitung von Handreichungen
Die Erarbeitung von Handreichungen hat große Bedeutung für die Lehrerfortbildung. Ich nenne als Beispiele zwei Veröffentlichungen, die wir in diesem Jahr herausgegeben haben:

Titel: "Perspektive Europa"

Die Handreichung wurde in einer Arbeitsgruppe von Lehrerinnen und

Lehrern unter Leitung des zuständigen Referenten im Bildungsministerium erstellt und enthält neun Unterrichtseinheiten für die 9. und 10. Klassenstufen in den Fächern Geschichte, Gemeinschaftskunde, Erdkunde, Wirtschaft/Politik und Kunst. Sie sind aber zum Teil ebenso in den beruflichen Schulen und in den Kursen der gymnasialen Oberstufe einsetzbar. Die Veröffentlichung wurde gefördert durch die Ministerin für Bildung, Wissenschaft, Jugend und Kultur des Landes Schleswig-Holstein und durch den Beauftragten der Landesregierung Schleswig-Holstein für die Europäischen Gemeinschaften.

Die Auswahl der Unterrichtseinheiten verfolgt das Ziel, schleswig-holsteinische Bezüge zu Europa zu verdeutlichen und auch die Rolle der Deutschen in Europa zu thematisieren. Letztlich greifen sie die Verantwortung der europäischen Völker in der Welt auf.

Titel: "Ausländerfeindlichkeit und Asylpolitik"

Diese Problematik ist ja, wie auch mehrere vorhergehende Referate dieser Tagung gezeigt haben, ebenfalls sehr eng mit der unterrichtlichen Behandlung der europäischen Dimension verflochten. Die Handreichung wurde, ausgehend von einer Veröffentlichung des bremischen Schulsenators, unter Berücksichtigung besonderer landesspezifischer Gegebenheiten Schleswig-Holsteins von einer Arbeitsgruppe des IPTS entwickelt. Sie besteht aus zwei Bänden. Der erste, eine Materialsammlung, wurde bereits herausgegeben; der zweite, Vorschläge für die Gestaltung des Unterrichts im einzelnen, ist noch in Arbeit.

Ich muß Sie, meine Damen und Herren, die Sie meine Ausführungen heute hören oder später lesen, um Verständnis dafür bitten, daß wir aus Kostengründen die Auflagenhöhe sehr begrenzen mußten. Zu meinem Bedauern kann ich Exemplare weder hier verteilen noch später versenden.
Der eingangs genannte "Europa-Erlaß" beschreibt die politische Ausgangslage so: "Europa ist mehr als ein geographischer Begriff. Die europäische Dimension umschließt in ihrer Vielfalt ein gemeinsames historisches Erbe,

eine gemeinsame kulturelle Tradition und in zunehmendem Maße eine gemeinsame Lebenswirklichkeit....." Ich hoffe, daß ich Ihnen einen Eindruck von der Umsetzung dieser Dimension in der Lehrerfortbildung des Landes Schleswig-Holstein, bezogen auf die politische Bildung, geben konnte.

Europäische Dimension in den neuen Bundesländern - ein Praxisbericht
Dr. Rosemarie Beck
Pädagogisches Landesinstitut Brandenburg, Ludwigsfelde

Meine Damen und Herren,

Seit Beginn dieses Jahres arbeite ich hier in Ludwigsfelde-Struveshof am Pädagogischen Landesinstitut Brandenburg als pädagogische Referentin. Mein Tätigkeitsfeld umfaßte in dieser Zeit die Fremdsprachen und den - wie er hier genannt wird - musisch-ästhetischen Lernbereich.

Aus diesem Grund ist es mir nicht schwergefallen, Beispiele über die europäische Dimension in Unterricht und Erziehung, zusammenzustellen. Sehr viel komplizierter war dann die Auswahl für diesen Vortrag, vor allem angesichts der zum Teil furchtbaren Gewaltaktionen eben zu dieser Zeit in diesem Land; Gewaltaktionen von Deutschen, für die ich mich schäme.

Ich habe mich für 15 Beispiele aus unterschiedlichen Bereichen der Arbeit der PLIB entschieden:

Mit der Schulreform im Land Brandenburg ging einher, daß neue Rahmenpläne für den Unterricht "von unten nach oben", d.h. von der Primarstufe bis zur gymnasialen Oberstufe durch unser Institut zu entwickeln waren. Diese nunmehr 39 Rahmenpläne sind die Grundlage für die Arbeit der Lehrerinnen und Lehrer, schuleigene bzw. lerngruppenspezifische Unterrichtsvorhaben durchführen zu können.

In den Rahmenplänen der musisch-ästhetischen und sprachlichen Lernbereiche findet sich eine ganze Reihe von Empfehlungen, die europäische Dimension in Unterricht und Erziehung einzubringen.

Beispiele aus neu entwickelten Rahmenplänen

Beispiel 1
So heißt es zum Beispiel im Rahmenplan Deutsch für die Sekundarstufe I, S. 8:
"Die Schülerinnen und Schüler sollen lernen, Überlegungen anderer zu verstehen und eigene differenziert darzustellen sowie sich situationsangemessen zu verständigen ... mit Menschen verschiedener Herkunft, Lebensweise und Weltanschauung, verschiedener Nationalität, aus verschiedenen Staaten mit unterschiedlichen Kulturen und Sprachen."

Das ... "beinhaltet ... die Bereitschaft, auf andere Traditionen, Werte und Vorstellungen einzugehen."

Im Deutschunterricht erwerben die Schülerinnen und Schüler die sprachlichen Mittel, um Wahrnehmungen, Erfahrungen, Standpunkte, Gefühle, Werturteile und Interessen anderer nachzuvollziehen, ihnen eigene Wahrnehmung, Erfahrungen, Standpunkte usw. gegenüberzustellen.

Beispiel 2
Im Rahmenplan für den Englischunterricht in der Sekundarstufe I wird empfohlen, was an dieser Stelle wie eine beschwörende Schlußformel klingt: "Ziel aller methodischen Entscheidungen sollten also die Erweiterung der Verständigung und die Auseinandersetzung mit eigenen und fremden Erfahrungen sein."

Welche Wege, welche Inhalte können mit dem Blick auf dieses Ziel bestritten werden? Ich habe für meine, d.h. eine mögliche Antwort den bei uns sehr umstrittenen Abschnitt der Bewertung im Fremdsprachenunterricht der gymnasialen Oberstufe ausgewählt. Dieser Abschnitt ist als Empfehlung sowohl für den Russisch- (S. 31) als auch für den Englischunterricht (S. 50) sprachlich ähnlich abgefaßt.

Beispiel 3

Beide Pläne empfehlen die Berücksichtigung von Kriterien aus den Bereichen der Sprach- und Sachkomepetenz sowie aus dem Bereich des sozialen Verhaltens.

Sprachkompetenz wird u.a. definiert als

- sprachliche Angemessenheit und Geläufigkeit, situationsbezogenes sprachliches Verhalten wie Nachfragen, Reagieren oder auch Einfügen, Ergänzen usw.,
- Ausdrucksvermögen im Sinne thematischer bzw. situativer Angemessenheit und Differenziertheit.

Sachkompetenz wird u. a. definiert als

- Sachkenntnis aus den Bereichen Sprache und Sprachbetrachtung, Landeskunde oder Literatur bzw. aus allgemeinen soziokulturellen Sach- und Problemzusammenhängen;
- ergebnisorientiertes Arbeiten an Themen und Inhalten bzw. Texten;
- Kreativität, Eigenständigkeit und kritisches Urteilsvermögen.

Und schließlich Soziales Verhalten wird u.a. definiert als

- Wahrnehmen von Verantwortung für eigenes oder fremdes Lernen und Arbeiten;
- Eingehen auf eigene oder fremde Bedürfnisse beim Lernen und Arbeiten;
- konstruktives Mitgestalten von unterrichtlichen oder außerunterrichtlichen Vorhaben oder Projekten.

Entsprechend der Empfehlungen der Rahmenpläne können die Lehrerinnen und Lehrer bereits in der Grundschule auf die eben genannten Verhaltenseigenschaften hinarbeiten und damit für ein gemeinsames Miteinander in Europa wirksam werden. Der Fortbildung kommt dabei zweifellos eine besondere Rolle zu.

Beispiel 4
So heißt es im Rahmenplan Kunst (S. 16): "Im Sinne eines ganzheitlichen Lernens in der Grundschule sollten die Möglichkeiten der Kooperation mit allen Fächern vielseitig genutzt werden. Möglichkeiten der Kooperation zwischen den Fächern ergeben sich bei der Durchführung von Projekten und der Vorbereitung kultureller Veranstaltungen."

Die obligatorische Frage, die zu stellen ist, ist selbstverständlich die nach der Akzeptanz solcher und ähnlicher Empfehlungen aus den neuen Rahmenplänen durch die Lehrerinnen und Lehrer.

Nach so kurzer Zeit ist es natürlich nicht möglich von Akzeptanz oder Erfahrung in bezug auf die Pläne zu sprechen. Glücklicherweise lassen sich aber parallel zur Theorie ganz praktische, mit und durch Lehrerinnen und Lehrer entwickelte Konzepte hier als Beispiel aufzeigen.

Beispiele aus Brandenburger Schulen

Beispiel 5
Genannt werden soll der Kreis Beeskow, in dem sicher auch durch das besondere Zutun der Schulrätin Frau Weller eine Gesamtschule (Schulleiterin Frau Mohr) ein Gymnasium (Schulleiter Herr Proksch) und eine Grundschule (Schulleiterin Frau Schmidt) dem Gedanken "Lernen für Europa" in besonderer Weise verpflichtet sind.

Das ist die Gesamtschule Storkow - Partnerschule der Modellversuchsschule in NRW. Dort wird für die Sekundarstufe II ein "Fakultativer Kurs" zum Lernen für Europa angeboten. Das sind weiter das Gymnasium Beeskow und die Grundschule I Altstadt.

In ihren Grundsätzen der Arbeit nehmen sich die Schüler und Lehrer der Grundschule I Altstadt aus Storkow/Mark vor, sich gemeinsam zur friedlichen Bewältigung von Konflikten zu befähigen.

Ausländerfeindliche Gedanken, Überheblichkeiten sollen vermieden werden, sollen fremd bleiben. Erreicht werden soll das durch ein Bewußtmachen von Vorurteilen, durch ein Bewußtmachen der Spuren von Kriegen und durch ein Bewußtmachen von Interessenkonflikten. Ausländische Kinder werden an dieser Schule mit Liebe aufgenommen. Ein solches Beispiel tut auch diesem Land gut.

Beispiel 6
Friedvolles Miteinander wollen auch die Lehrerinnen und Lehrer und Schülerinnen und Schüler der 1. Gesamtschule Guben gemeinsam praktizieren.

Diese Schule offeriert die Möglichkeit, geographische und demographische Besonderheiten durch aktives Mittun und gemeinsames Miteinander deutscher und polnischer Einwohner auszuleben. Seit Beginn dieses Schuljahres wird eine deutsch-polnische Schülerschaft angestrebt und gefördert. Bislang gibt es 24 Anmeldungen polnischer Kinder und 13 Anmeldungen deutscher Kinder.

Beispiele länderübergreifender Initiativen

Beispiel 7
Der besonderen Nähe Brandenburgs zu Polen wird auch auf andere Weise, zumindest in Ansätzen, versucht zu entsprechen.
Das Pädagogische Landesinstitut hat im Mai eine deutsch-polnische Fachtagung veranstaltet. Mit Herzlichkeit wurden die polnischen Pädagogen und Wissenschaftler begrüßt. Ebenso wichtig war aber auch die Akzeptanz und aktive Teilnahme deutscher Kollegen aus dem näheren Raum und aus Bochum, Dresden, Duisburg, Essen, Frankfurt/Main, Hamburg, Lüneburg, Melbourne, Münster, Oldenburg und Wuppertal.

Mit Polen als Nachbarn zu leben ist ein kleiner Teil der europäischen Dimension, die hier diskutiert werden soll. Dazu gehören vielfältige Kontakte des PLIB, aber auch einzelne geplante und auch bereits durchgeführte Weiterbildungsveranstaltungen für polnische Deutschlehrer.

Im folgenden möchte ich weiter auf einige der am PLIB stattfindenden Fortbildungsveranstaltungen eingehen, die zum Teil ebenfalls länderübergreifende Intentionen berücksichtigen konnten.

Beispiel 8
Auf Initiative der Spanischen Botschaft gab es Anfang des Jahres eine anregende Begegnung von Lehrerinnen und Lehrern, die Spanisch unterrichten. Die Idee eines weiteren Treffens wurde geboren. Es folgten drei ertragreiche Tage am PLIB für 24 Lehrerinnen und Lehrer aus Brandenburg und anderen neuen Bundesländern mit Literatur, Landeskunde und sprachpraktischen Studien. Spanisch gehört leider zu den wenig unterrichteten Sprachen im Land Brandenburg. Solche Sprachen bedürfen zweifellos nicht nur hier der besonderen Förderung, wenn Europa für alle und jeden offen sein soll.

Beispiele aus dem Fortbildungsprogramm

Aus dem Kunstbereich möchte ich zwei Beispiele nennen:

Beispiel 9
Andreas Jähnig, Bildhauer aus Baruth, fragt an, und das Interesse ist bereits heute groß,
"Welchen Beitrag kann Kunst und Kunstunterricht in den Schulen, bei der Persönlichkeitsentwicklung der Kinder, vor allem im Hinblick auf andere Lebens- und Verhaltensformen leisten?"

Beispiel 10
Gespannt können wir auch auf Dirk Slawski aus Lübeck sein.
Er kündigt sich an:
"Die Kunst unserer Zeit ist geprägt durch eine Vielzahl künstlerischer Einzelpositionen. Heute kann man keinen vorherrschenden Stil oder Trend festmachen, denn: "Alles ist möglich". Dieses Dickicht der Gegenwartskunst führt oft zu Ratlosigkeit und fehlenden Maßstäben für die Beurteilung. Andererseits liefert dieser Dschungel der Stile eine Vielzahl von Ideen, so auch für den Kunstunterricht", der viel eher und viel selbstverständlicher als

andere Fächer gemeinsame Wurzeln der europäischen Völker aufzuzeigen kann.

Beispiel 11
Von besonderem Interesse für die Berücksichtigung nichtverbaler Ausdrucksformen dürfte das Angebot von Gerhard Laack und Wilfried Größel aus Potsdam sein.

"Wo die Möglichkeiten der Sprache erschöpft sind, kann auch Malen zur Musik Verstehen oder Interpretieren von Musik deutlich machen."

Mit ihrem Seminar wollen sie einen vertiefenden Einblick in den wechselseitigen Zusammenhang von Kunsterziehung und Musikerziehung im Unterricht der Grundschule vermitteln.

Aus meiner Sicht sollten in der Fortbildung von Lehrern Aspekte nichtverbaler Ausdrucksmöglichkeiten mindestens gleichwertig mit denen von Sprache und sprachlichen Mitteln diskutiert, gefördert und praktiziert werden.
Nichtverbale Ausdrucksformen können vielleicht schneller als andere grenzüberschreitend wirksam werden und der Verständigung unter den Völkern dienen.

Beispiel 12
Eva-Maria Ganschinietz aus Potsdam lädt die Lehrerinnen und Lehrer ein, über Analogiebeziehungen zwischen Musik und Sprache nachzudenken. Diese Analogiebeziehungen bieten ein reiches Betätigungsfeld für den Musik- und Deutschunterricht. Übereinstimmungen in Form und Syntax von Musik und Sprache werden an ausgewählten Beispielen untersucht sowie der historische Wandel im Verhältnis von Musik und Sprache verdeutlicht. Eigenes Gestalten, zum Beispiel Verklanglichen von Texten sowie der Umgang mit der Stimme in Lautgedichten und andere Formen "Konkreter Poesie", soll zum fächerverbindenden Arbeiten anregen.

Beispiel 13

Mit seiner Veranstaltung will Günter Olias aus Potsdam Zugänge zu Umgangsweisen mit Musik unterschiedlicher Herkunft und kultureller Traditionsgebundenheit aufzeigen. Im Mittelpunkt stehen Besonderheiten der ostasiatischen, arabischen und lateinamerikanischen Musikkulturen sowie deren Einfluß und Wechselwirkung in bezug auf das europäische Musikschaffen. Verschiedene Textvorlagen, Klangbeispiele und didaktische Modelle sollen vielfältige Anregungen vermitteln.

Fortbildungsveranstaltungen dieser Art sind - aus unserer Sicht - sehr gut geeignet, Fremdes, hier "fremd-klingendes" zu erleben, zu akzeptieren und damit umzugehen.
Die Unterrichtsfächer des musisch-ästhetischen Lernbereichs können besser als andere grenzüberschreitend zur Verständigung zwischen den Völkern beitragen.

Beispiel für ein in Brandenburg neues Unterrichtsfach

Beispiel 14
Ganz besonders entspricht der Herausforderung für die kulturelle Bildung - nach meiner Ansicht - das für Brandenburg neue Unterrichtsfach "Darstellendes Spiel".

Das Darstellende Spiel ist ein eigenständiges Fach im literarisch-künstlerischen Aufgabenfeld.

"Der Schwerpunkt liegt im kreativen Handeln eines Ensembles. Dieses Handeln geschieht prozeß- und produktorientiert.
Die Ensemblestruktur dieses Faches unterscheidet es von allen anderen Fächern dadurch, daß hier die Einzelleistungen immer im Zusammenhang der Gruppe zu sehen und zu beurteilen sind."

Diese besondere Form der gegenseitigen Abhängigkeit für den gemeinsamen Erfolg (die Aufführung) bedingt auch ein spezifisches Arbeits- und Gruppenverhalten und fördert demokratische Prozesse.

In dieser Besonderheit liegt auch die erzieherische und persönlichkeitsbildende Qualität dieses Faches, die sehr gut auf die europäische Dimension ausstrahlen kann, denn Unterricht im Darstellenden Spiel geht ein auf das natürliche Bedürfnis von Jugendlichen, sich im Spiel darzustellen, und schafft damit eine Möglichkeit, sich künstlerisch zu äußern.

Die Teilnehmerinnen und Teilnehmer lernen, ihre eigenen Ausdrucksmöglichkeiten (Körper und Stimme) bewußt wahrzunehmen. Sie erproben theatrale Wirkungen ... und entwickeln die "Kunst des Zuschauens". Sie lernen in Interaktionen mit Personen sowie Objekten den Umgang mit Konflikten und Möglichkeiten zu deren Bewältigung. Kaum ein anderes Fach in unserer Stundentafel bietet derart viele Möglichkeiten, andere Fächer zu integrieren.

Es ist gut und wichtig, daß die Brandenburger Schülerinnen und Schüler dieses Fach wählen können. Für unser Institut wird es notwendig sein, ein Konzept zur Fort- und Weiterbildung möglichst bald realisieren zu können, um dem breiten Interesse an diesem Fach auch nachzukommen.

Beispiel für Schulversuche

Beispiel 15
Abschließend möchte ich einen der inzwischen 3 im Land Brandenburg begonnenen Modellversuche erwähnen, und zwar den Modellversuch "Lebensgestaltung-Ethik-Religion".

Bei Modellversuchen handelt es sich um zeitlich begrenzte Aktivitäten an einzelnen Schulen des Landes Brandenburg, die neuere Erkenntnisse aus unterschiedlichen Bereichen auf ihre praktische Wirksamkeit und ihre praktischen Wirkungsmöglichkeiten hin erproben sollen.

Im Modellversuch "Lebensgestaltung-Ethik-Religion" kann Toleranz und Akzeptanz für andere Kulturen und Lebensformen geweckt werden. Im

Mittelpunkt steht dabei die Hilfe zur Selbsthilfe, das Leben mit anderen und allein zu bewältigen.

Ich zitiere gewissermaßen als Schlußwort aus dem Grundsatzpapier (S. 5) dieses Modellversuchs, weil dieser Gedanke über das einzelne Unterrichtsfach L-E-R hinaus in anderen Fächern und auch in der Fortbildung von Lehrerinnen und Lehrern wirksam werden sollte:

"Aus der Erfahrung, selbst angenommen und respektiert zu werden, wächst die Fähigkeit und Bereitschaft, auch Fremdes und Andersartiges ernst zu nehmen, zu respektieren und die Vielfalt menschlichen Lebens nicht als bedrohlich, sondern als bereichernd zu erleben. In einer solchen Haltung liegt der beste Schutz gegen Drogen, Sekten und Gewalt."

Literaturangaben

Aus der Konzeption zur Entwicklung der Grundschule / Hrsg. Grundschule I - Altstadt - (masch.-schriftliches Manuskript), o.J. - 5 S.

Fortbildungsprogramm für Lehrerinnen und Lehrer im Land Brandenburg, Hrsg. Pädagogisches Landesinstitut Brandenburg, März 1992 bis August 1992, 216 S.
dsgl, August 1992 bis Dezember 1992, 336 S.

Gemeinsam leben lernen: Modellversuch des Landes Brandenburg zu einem neuen Lernbereich und Unterrichtsfach "Lebensgestaltung-Ethik/Religion" - Grundsatzpapier für die öffentliche Diskussion / Hrsg. Ministerium für Bildung, Jugend und Sport des Landes Brandenburg. - Potsdam, 1991. - 8 S.

Vom Lehrplan zum Rahmenplan: Arbeitsmaterialien zur Unterrichtsreform im Land Brandenburg. - In: PLIB-Werkstattheft 1/92 / Hrsg. Pädagogisches Landesinstitut Brandenburg, 1992. - 16 S.

Vorläufiger Rahmenplan des Landes Brandenburg / Hrsg. Ministerium für Bildung, Jugend und Sport des Landes Brandenburg.

- Darstellendes Spiel /Gymnasiale Oberstufe/Sekundarstufe II (masch.-schriftliches Manuskript), 1992 - 23 S.
- Deutsch / Gymnasiale Oberstufe/Sekundarstufe II, 1992. - 51 S.
- Deutsch /Sekundarstufe I, 1991. -45 S.
- Englisch /Gymnasiale Oberstufe/Sekundarstufe II, 1992. - 52 S.
- Englisch /Sekundarstufe I, 1991. - 31 S.
- Kunst /Grundschule, 1992. - 35 S.
- Russisch /Gymnasiale Oberstufe/Sekundarstufe II, 1992. - 42 S.

Bilingualer Unterricht in Baden-Württemberg: Sachstand und Entwicklungslinien
Hartmut Ebke
Albert-Einstein-Gymnasium, Reutlingen

Anfänge in Baden-Württemberg

"Der bilinguale Zug kommt immer stärker ins Rollen", so Ernst Endt in seinem Bericht vom 14. Kongreß für Fremdsprachendidaktik in Essen im Oktober letzten Jahres. In Baden-Württemberg rollte dieser Zug schon in den 70er Jahren an zehn Gymnasien, sechs mit Französisch, vier mit Englisch.

Die damals eingerichteten bilingualen Züge boten einen in der Regel um zwei Stunden verstärkten Fremdsprachenunterricht und zusätzlich die konsequente Anwendung der Zielsprache in den Fächern Erdkunde und Geschichte ab Klasse 7 bzw. 8. Mit der Reform der Oberstufe und der Auflösung des Klassenverbandes in Kurse wurde dann der bilinguale Unterricht in der Regel mit der Klassenstufe 11 beendet.

Trotz des hohen Engagements der Lehrer, die alle Unterrichtsmaterialien selbst erstellen mußten, kamen die Züge allmählich ins Stocken: Eltern protestierten gegen die hohen Anforderungen, Lehrer verwiesen darauf, daß höchstens das beste Drittel der Gymnasiasten den Ansprüchen genügte, wenn das Niveau des jeweiligen Sachfachunterrichts nicht leiden sollte.

Der Kompromiß: das "integrierte Modell": Der bilinguale Sachfachunterricht wurde in den Fremdsprachenunterricht hineingenommen. Geographische, historische und gemeinschaftskundliche Inhalte wurden in den zwei bis drei zusätzlichen, dem Fremdsprachenunterricht zugeschlagenen Wochenstunden so behandelt, daß die Fremdsprache in ihrer referentiellen Funktion im Mittelpunkt stand. Die Sachfächer selbst wurden weiterhin auf Deutsch unterrichtet.

Bilingual: Zielvorstellung und Modelle

Bilinguales Unterrichten hat jedoch gerade für das zusammenwachsende Europa eine wichtige Zielvorstellung: die "near nativeness" in der Kompetenz.

Dies geschieht zusätzlich im Sachfachunterricht, in dem die Schüler zu einer partiellen Zweisprachigkeit geführt werden, die gleichzeitig die Herausbildung einer bikulturellen Kompetenz einschließt. Diese "hohe und vielfältige Fremdsprachenkompetenz" - so Nando Mäsch - "ermöglicht über das Verstehen das Verständnis". Damit kann ein bilingual unterrichteter Schüler idealerweise zum Mittler zwischen den Kulturen werden, zum Kitt, der die künftige europäische Einheit zusammenzuhalten hilft.

Deutschland: Was läuft in den anderen Bundesländern?

Die Kultusministerkonferenz hat vor kurzem eine Übersicht über die bilingualen deutsch-französischen Bildungsgänge zusammengestellt. Sie enthält die Rahmenbedingungen Programme (Stundentafeln) und Namen aller Schulen in Deutschland, die bilingualen deutsch-französischen Unterricht anbieten. Die Übersicht ist bei den Kultusbehörden bzw. der KMK in Bonn erhältlich. Über 100 Schulen bieten entsprechende Programme an.

Eine Besonderheit gibt es zu erwähnen: Entsprechend der gemeinsamen Erklärung des Bevollmächtigten der Bundesrepublik Deutschland für kulturelle Angelegenheiten im Rahmen des Vertrages über die deutsch-französische Zusammenarbeit und des französischen Erziehungsministers vom 26./27. Oktober 1986 werden zur Zeit in einem gemeinsamen deutsch-französischen Schulversuch an drei Standorten in der Bundesrepublik Deutschland (Bonn, Frankfurt, Stuttgart) die Möglichkeiten des gleichzeitigen Erwerbs des französischen Baccalauréat und des deutschen Abiturs erprobt. Die Durchführung vollzieht sich in einem gemeinsamen pädagogischen Rahmen auf der Grundlage abgestimmter Lerninhalte und Anforderungen und im Zusammenwirken deutsch-französischer Prüfungskommissionen vor allem bei den Abschlußprüfungen.

Für alle Modelle gilt:
Der bilinguale Sachfachunterricht in den deutsch-englischen bzw. deutsch-französischen Bildungsgängen beginnt im allgemeinen in der Klasse 7 in den Fächern Geschichte und/oder Erdkunde. Im Verlauf der Mittelstufe kommt ein weiteres (u. U. auch naturwissenschaftliches) Fach hinzu.

Bilingualer Sachfachunterricht kann in einzelnen Ländern bis zum Abitur weitergeführt werden und drittes oder viertes Prüfungsfach sein. In den letzten Jahren ist in einigen Ländern eine Ausweitung des bilingualen Konzepts auf andere Schulformen und andere Partnersprachen erfolgt. Es bestehen inzwischen deutsch-englische bzw. deutsch-französische Bildungsgänge auch an Haupt-, Real- und Gesamtschulen. An einzelnen Gymnasien wurden deutsch-italienische, deutsch-spanische oder deutsch-russische bilinguale Bildungsgänge eingerichtet.

Besondere Formen bilingualen Unterrichts bestehen an den deutsch-französischen Gymnasien in Freiburg, Saarbrücken und Buc; sie sind durch besondere zwischenstaatliche Verträge auf eigene Rechts- und Organisationsgrundlagen gestellt.

Die verschiedenen Erfahrungen haben in Baden-Württemberg zu zwei verschiedenen Typen bilingualen Unterrichtens geführt. Das integrierte Modell wurde bereits vorgestellt: Themen des Sachfachs, insbesondere aus Erdkunde, Geschichte, Gemeinschaftskunde, werden in den Fremdsprachenunterricht integriert.

Das zweite Modell in Baden-Württemberg soll, nicht zuletzt um der griffigen Metapher willen, als Baummodell vorgestellt werden.

Der Boden soll landesweit bereits in den Klassen 3 und 4 der Grundschule - noch ist dies außer in den grenznahen Bereichen zu Frankreich vielfach Zukunftsmusik - bereitet werden: Die Kinder sollen in zwei zusätzlichen Wochenstunden, möglichst in kleinen Portionen über die Woche verteilt und im Normalunterricht integriert, an einem Fremdsprachen-Begegnungsprogramm teilnehmen. Progression auf der Grundlage eines Lehrbuches etwa ist nicht das Ziel. Lieder, Spiele, einfache Rollen in alltäglichen Kommunikationssituationen sollen die Kinder aufschließen, neugierig und vielleicht sogar gierig machen auf die Herausforderung, die das Erlernen einer Fremdsprache stellt.

Der Stamm des Baumes ab Klasse 5 der weiterführenden Schulen, in der Regel des Gymnasiums, muß stark genug sein, um die Krone zu tragen. zwei zusätzliche Unterrichtsstunden in der Fremdsprache pro Jahr in den klassen 5 und 6 sollen dies gewährleisten. Nach Möglichkeit wird hier bereits ein "native speaker" eingesetzt, der in Abstimmung mit dem Fachlehrer auch projektorientiert vorgeht.

Das Ziel ist, schneller zu einer vergleichsweise hohen Kompetenz und Sicherheit in der Zielsprache zu führen. In der zweiten Hälfte der 6. Klassen wird der erste Ast vorbereitet: Wanderungen oder Schulfahrten mit dem Fremdsprachenlehrer, der in bilingualen Klassen auch gleichzeitig Klassenlehrer sein sollte, können dazu beitragen, fachspezifische Wortfelder zu erarbeiten, die den englisch geführten Unterricht im Fach Erdkunde sinnvoll vorbereiten.

Ab Klasse 7 werden geeignete Lehrplaneinheiten der Fächer Erdkunde, Biologie, Geschichte und Gemeinschaftskunde zunehmend in der Fremdsprache unterrichtet. Diese Baumkrone entwickelt und verzweigt sich sehr behutsam: Ein Fach nach dem anderen wird in das bilinguale Programm genommen, und zwar mit steigender Sprachkompetenz auch zunehmend in der Zielsprache. Zuviel von Beginn an kann hier nur abschrecken, überfordern und somit der Sache schaden. Der Lehrer muß als Gärtner die Schere ansetzen und den Wildwuchs des "Zuviel" und des "Zuviel-gleichzeitig" kappen - um so besser wird der Ertrag sein.

Grundlage des Unterrichts bleiben die gültigen Fachlehrpläne, nicht zuletzt angesichts der Anforderungen des Zentralabiturs in Baden-Württemberg, das zudem in hervorragender Weise geeignet ist, Vergleiche mit den Ergebnissen herkömmlichen Unterrichts anzustellen.

Um zusätzlich wichtige Themen aus der Sicht des Zielsprachenlands behandeln zu können, aber auch um den Fachwortschatz und die Unterrichtsergebnisse auf Deutsch absichern zu können, erhält der jeweils in der Zielsprache unterrichtete Sachfachunterricht eine zusätzliche Wochenstunde. Sie soll ebenfalls vom Lehrer des Sachfachs unterrichtet werden. Schüler sollen auf diese Weise nicht unter Zeitdruck kommen und auch nicht erleben müssen, daß sie im Sachfach scheitern, weil ihre Fremdsprachenkenntnisse nicht ausreichen.

Ziel dieses zusätzlichen Unterrichts ist es vor allem, die Perspektive des Partnerlandes bewußt zu machen. Dazu werden Materialien aus dem Partnerland eingesetzt, die dem Schüler das Verstehen der anderen Perspektive ermöglichen.

In der Oberstufe wird der Fachunterricht in Erdkunde/Gemeinschaftskunde bzw. Geschichte fast vollständig in der Zielsprache stattfinden und die erworbene Qualifikation schließlich in die Abiturprüfung eingebracht.

Methodik bilingualen Unterrichts

Um im Bild zu bleiben: Der bilinguale Unterricht in den Sachfächern -das ist die Baumkrone - braucht einen starken soliden Stamm: das ist der "normale" Fremdsprachenunterricht. Die entscheidende Grundlage dafür wird also im "language classroom" gelegt.

Um die kommunikative Kompetenz rascher zu erreichen, damit die Schüler sicher und selbstbewußt sprachlich handeln können, sind alle Aktivierungs- und Kreativitätstechniken, die lehrbuchbehandelnd und -begleitend die Effizienz des Lernens zu steigern vermögen, in besonderem Maße von Bedeutung: Übungen und Organisationsformen, welche den Schüler nicht nur intellektuell, sondern auch affektiv und in allen Bereichen seiner Sinneswahrnehmung ansprechen, haben besonderen Erfolg.

Ich nenne nur kurz
- affektive Grammatikübungen;
- Bildstimuli und "messages" zum kreativen Sprechen und Schreiben;
- assoziative Wortschatzarbeit mit "clusters" und "mind-maps";
- visualisieren und assoziieren mit Musik;
- Texthandeln statt Schönlesen.

Fazit: je effektiver und motivierender der Fremdsprachenunterricht, desto einfacher wird die Arbeit im vielsprachig geführten Fachunterricht, im "subject classroom".

Im "subject classroom" wird der Schüler mit zusätzlichen Anforderungen konfrontiert. Er muß in der Zielsprache denken, sprechen und über Sachverhalte des Faches schreiben. Weitgehend losgelöst und von der steten Forderung des Fremdsprachenlehrers nach sprachrichtiger Reaktion in oft künstlichen, didaktischen Dialogen geht es jetzt endlich um die Sache, der Anwendungsbezug steht im Mittelpunkt. Ohne Angst vor steter sprachlicher Korrektur interpretiert er Karten, Diagramme, Schaubilder, Quellen usw. Im Sinne einer pragmatischen "aufgeklärten Einsprachigkeit" verwendet der das deutschen Wort, wenn ihm das zielsprachige nicht einfällt.
Das Fachvokabular wird in Lernbüchern, - zweisprachig - gesichert. Das Material selbst sollte vorrangig aus dem Land der Zielsprache stammen, erst recht, wenn unterschiedliche Sichtweisen dies erforderlich machen.

Gerade im Gemeinschaftskundeunterricht bietet sich als Ergänzung des methodischen Repertoires die Handlungsorientierung an. Rollenübernahme, auch Positionen von Vertretern anderer Länder, helfen Verständnis zu fördern für andere Sichtweisen und machen - hoffentlich - tolerant. Projektunterricht kann als Unterrichtsform eine sinnvolle Ergänzung darstellen. Vor allem wenn sich zu einem Thema mehrere Fächer einbringen können.

Die Gestaltung der Klassenarbeiten orientiert sich an dem jeweiligen sprachlichen Leistungsstand. Multiple-choice Fragen in der Zielsprache können im frühen Stadium durchaus noch vertreten sein, wenn sie durch hinreichend anspruchsvolle Aufgaben im Deutschen ergänzt werden. Alternativen sollten geboten werden, dabei die Beantwortung von Fragen in der Zielsprache nur zugunsten des Schülers gewertet werden. Er schreibt schließlich eine Erdkunde- oder Geschichtsarbeit, keine Englisch- oder Französischarbeit.

Entscheidend: Zeit genug lassen und prüfen, ob nicht auf die eine oder andere Klassenarbeit im Nebenfach ohnehin verzichtet werden kann. Die mündliche Leistungsmessung reicht als Notengrundlage aus, auch im Widerspruchsfall vor Verwaltungsgerichten.

Die vorgetragenen Hinweise zu einer Methodik bilingualen Sachfachunterrichts bedürften der Ergänzung: Es gibt wohl zur Zeit kaum einen Kongreß zum Fremdsprachenunterricht, der bilinguales Unterrichten nicht auch thematisiert. Solche Foren wie auch die Gesprächskreise entsprechender Organisationen können zum Erfahrungsaustausch und als Informationsbörsen allen Kollegen nur empfohlen werden.

Rahmenbedingungen für bilinguales Unterrichten in Baden-Württemberg aus der Sicht der Schulverwaltung

Bilinguale Züge lassen sich in der Praxis nicht "zum Nulltarif" einrichten. Sie verursachen einige Kosten. Für die Einrichtung eines bilingualen Zuges sind dies zusätzlich mindestens 11 Wochenstunden: in den Klassen 5 und 6 je zwei, von Klasse 7 bis 13 je eine als Unterstützung für das Sachfach, das in der Zielsprache unterrichtet wird. Diese Zusatzstunde wird vom Lehrer des Sachfachs unterrichtet, eine Aufteilung des Sachunterrichts in einen deutschen und einen zielsprachigen Teil und entsprechend auf zwei Lehrkräfte ist nicht vorgesehen.

Die Einrichtung eines solchen Zuges wird angesichts der schwieriger werdenden Lehrerversorgung in Baden-Württemberg erleichtert, wenn die beantragende Schule dafür eine anderes Angebot aufgibt, z. B. eine weniger nachgefragte Sprachenfolge, die vielleicht ohnehin auch an der Nachbarschule angeboten wird.

Immer wieder geben engagierte und kompetente Lehrer gute Beispiele für die Verwendung der Zielsprache in den verschiedensten Fächern. In Abstimmung mit Eltern und Schulleitung werden geeignete Unterrichtseinheiten oder Teile derselben in Englisch oder Französisch behandelt. Die Bandbreite reicht von der Behandlung der "Industriellen Revolution" in Geschichte bis zur Einbeziehung englischer Fachaufsätze im Biologieleistungskurs der Oberstufe. Die mir vorliegenden Berichte zeigen, daß sich der Einsatz lohnt. Warten wir also nicht auf behördliche Federbetten in der Form zusätzlicher Stunden. Verständnisvolle Schulleiter können durchaus selbst bei Bedarf aus dem Ergänzungsbereich bilingualen Unterricht mit zusätzlichen Stunden abfedern.

Hilfestellung des Kultusministeriums

Im folgenden werden die Initiativen und Unterstützungsmaßnahmen des Kultusministeriums im engeren Bereich bilingualen Unterrichtens vorgestellt:

- Lehrpläne und Prüfungsordnung für den deutsch-französischen Zug des Wagenburg-Gymnasiums wurden - wie vorher schon für das deutsch-französische Gymnasium in Freiburg - zusammen mit den Beteiligten erstellt.

- Handreichungskommissionen wurden eingesetzt, die Material zusammentragen, das den Kollegen der Fächer Erdkunde, Gemeinschaftskunde, Geschichte (und für die deutsch-englische Abteilung des Königin-Olga-Stifts in Stuttgart zusätzlich in Biologie) den Sachunterricht in der Zielsprache erleichtert.

- Fortbildungsveranstaltungen werden angeboten, welche den Erfahrungsaustausch über die Landesgrenze hinweg fordern und interessierten Lehrern Einstiegsmöglichkeiten aufzeigen.

- Lehrer mit entsprechenden Lehrerbefähigungskombinationen (FS und Sachfach) werden zugewiesen, auch Lehrer aus Frankreich und England.

- Schulen mit bilingualen Zügen erhalten nach Möglichkeit bevorzugt Fremdsprachenassistenten und Austausch- bzw. Hospitationslehrer.

- Auf Wunsch der Schulen werden Schulpartnerschaften vermittelt und entsprechende Unternehmungen ergänzend unterstützt.

Fazit: Die Schulverwaltung will Hilfestellung und Ermutigung bieten, nicht aber sich in alles regelnd einmischen. Es kommt auf die Schule und auf die Lehrer selbst an, ob sie die angebotenen Möglichkeiten aufgreifen. hier gibt es sicherlich verständliche Hemmungen, die nicht zuletzt in der Lehrerausbildung begründet sind, die sie einstmals genossen haben. Auch in diesem Bereich zeigen die neuen Prüfungsordnungen für künftige Fremdsprachenlehrer an Gymnasien in Baden-Württemberg, daß die sprachliche und kulturelle Kompetenz gestärkt wird.

Landeskunde- und Fachdidaktikveranstaltungen sollen verpflichtend gemacht, ebenso soll die Examensklausur künftig in der Zielsprache geschrieben werden. Dies wird Auswirkungen auf die Sprache der universitären Lehre haben. Das ist eigentlich nichts anderes als bilingualer Unterricht an der Universität - die bestmögliche Vorbereitung für die künftigen Fremdsprachenlehrer.

Weiterführende Organisationen, die Hilfen bieten:
Arbeitsgemeinschaft der Gymnasien mit zweisprachig deutsch-französischem Zug in der Bundesrepublik Deutschland, Vorsitzender: Ltd. Regierungsschuldirektor Nando Mäsch, Stresemannstraße 56, 5160 Düren (Telefon: 0 24 21/5 66 16).
Arbeitsgemeinschaft der Gymnasien mit deutsch-englischem Zweisprachenzug, Vorsitzender: Oberstudiendirektor Erhard Wilhelms, Maria Wächtler-Schule, Rosastraße 75, 4300 Essen 1 (Telefon: 02 01/77 57 40 oder 78 50 01).

Das Deutsch-Französische Betriebspraktikum im Modellversuch "Lernen für Europa - Eine Schule bereitet sich auf Europa vor"
Peter Virnich
Gustav-Heinemann-Schule, Mülheim/Ruhr

Europäische Herausforderungen für schulisches Lernen

Als im Sommer 1989 Lehrerinnen und Lehrer der Gustav-Heinemann-Gesamtschule in Mülheim an der Ruhr anfingen, darüber nachzudenken, wie die europäische Dimension zu einem konstitutiven Faktor des Schulprofils zu machen sei, konzentrierten sich die Überlegungen in erster Linie auf die Folgen, die der nahende europäische Binnenmarkt für schulisches Lernen haben würde. Bei der weiteren Ausarbeitung des Modellversuchsantrages (im Dezember 1989 der Bund-Länder-Kommission für Bildungsplanung vorgelegt) wurde klar, daß auch die sich anbahnenden Veränderungen in den osteuropäischen Ländern zu reflektieren und in ihren Konsequenzen für schulisches Lernen einzubeziehen waren.

Inzwischen wissen wir, in welch rasantem Tempo Europa sich in gut zwei Jahren verändert hat und mit Sicherheit weiter verändern wird. Umso deutlicher und klarer ist das Bewußtsein dafür geworden, daß Kinder und Jugendliche auf eine Lebenswirklichkeit vorbereitet werden müssen, deren Bewältigung neue Qualifikationen verlangt. Für Schule stellen sich daher neue Aufgaben und Herausforderungen:

- Das Wissen über die europäischen Nachbarn, über ihre gesellschaftlichen und politischen Realitäten sowie über ihre Probleme muß in den Lehrplänen neu akzentuiert werden.

- Der Fremdsprachenunterricht muß zu selbstverständlicher und angstfreier Kommunikation befähigen.

- Interessen, Akzeptanz und Toleranz gegenüber der multikulturellen Vielfalt im eigenen Land und in Europa müssen geweckt werden.

- Lerngelegenheiten müssen bereitgestellt werden, die den Abbau von Vorurteilen ermöglichen und die Bereitschaft fördern zu gemeinsamer Konfliktlösung.

- Bereitschaft und Fähigkeit zu grenzüberschreitender Kooperation sind durch gemeinsames Lernen mit ausländischen Schülerinnen und Schülern zu fördern.

- Neue Technologien sind zu nutzen zum Informationsaustausch und zur Zusammenarbeit mit Schulen im Ausland.

Ziele und konkrete Vorhaben des Modellversuchs

Auf diese neuen Aufgabenstellungen ist das Konzept des Modellversuchs "Lernen für Europa - Eine Schule bereitet sich auf Europa vor" ausgerichtet.

Entsprechend sind die Zielsetzungen:

- Intensivierung des Fremdsprachenlernens durch Anwendungs- und Handlungsorientierung,

- Europaorientierung der Lerninhalte,

- grenzüberschreitende Berufsorientierung,

- interkulturelles und soziales Lernen im europäischen Kontext,

- ganzheitliches Lernen.

Diese Zielsetzungen finden ihre Realisierung in konkreten Unterrichtsvorhaben entweder in der Form einzelner Projekte oder als didaktischmethodische Prinzipien, die den Unterricht eines Faches für eine bestimmte

Zeit (teilweise über mehrere Jahre hin) bestimmen. Die Vorhaben sind zum Teil erwachsen aus der Kooperation mit unseren Partnerschulen in den Niederlanden, Frankreich, Großbritannien, Irland, Polen, Italien und Belgien. Sie stützen sich auch auf langjährige Erfahrungen unserer Schule mit berufsorientierenden Betriebspraktika, mit Projektwochen und Projektunterricht, mit anwendungsbezogenen Ansätzen und Formen im Fremdsprachenunterricht.

Für das nächste Jahr des auf drei Jahre angelegten Modellversuchs haben sich inzwischen - ihren spezifischen Charakteristika entsprechend -sechs Gruppen von Vorhaben herausgebildet:

1. Fremdsprachenprojekte ausgerichtet auf authentische Materialien, authentische Kommunikatonssituationen, auf direkten Adressatenbezug zu ausländischen Partnern.

2. Umgestaltung internationaler Begegnungen durch Projektunterricht, binationale workshops, Erprobung bilingualer Unterrichtssequenzen.

3. Projekte gemeinsamen Lernens von Klassen und Kursen der Partnerschulen unter Ausnutzung gemeinsamer Themen in den jeweiligen Schulcurricula.

4. Einführung bzw. Ausbau europäischer Themen im Unterricht einzelner Fächer.

5. Internationale Betriebspraktika.

6. Gestaltung der Studienfahrten durch europabezogene Themenstellungen, Begegnungsorientierung, interkulturelle Lerngelegenheiten.

Für alle Vorhaben gilt, daß sich in ihnen die übergeordneten Zielsetzungen - meist in mehrfacher Weise - überschneiden. "Lernen für Europa" ist für uns in erster Linie ganzheitliches Lernen. Die Projekte schaffen komplexe Lernsituationen, bei denen die Arbeit an inhaltlichen Aufgabenstellungen verbunden ist mit dem Erwerb und der Erweiterung fremdsprachlicher Fertigkeiten, in denen Schülerinnen und Schüler andere Lebenswirklichkeiten und andere Einstellungen erfahren und sich mit ihnen auseinandersetzen müssen, in denen sie sich selbst mit den Augen anderer Europäerinnen und Europäer sehen und dadurch vielleicht Einstellungen relativieren, in denen sie Konfliktfähigkeit und - wie wir hoffen - auch ein wenig Toleranz lernen.

Das Deutsch-Französische Betriebspraktikum

Internationale Betriebspraktika sind derartige komplexe Lerngelegenheiten. Am gemeinsamen Betriebspraktikum unserer Schule mit einer unserer Partnerschulen in Tours läßt sich dies exemplarisch zeigen.

Seit vielen Jahren nehmen die Schülerinnen und Schüler des 9. Jahrgangs unserer Schule an einem Schülerbetriebspraktikum teil. Seit einiger Zeit gibt es solche Praktika auch in unserer Partnerschule, dem Collège La Bruyère in Mülheims französischer Partnerstadt Tours.
In Gesprächen mit Kollegen des Collège La Bruyère entstand schon 1988 die Idee, das Schülerbetriebspraktikum in Form eines Austauschs durchzuführen. 1991 haben wir die Idee zum erstenmal verwirklicht. In diesem Jahr fand das Deutsch-Französiche Betriebspraktikum zum 2. Mal statt: je acht Schülerinnen und Schüler der Gustav-Heinemann-Schule und des Collège La Bruyère absolvierten zwei Wochen lang gemeinsam ein Praktikum in verschiedenen Betrieben und Einrichtungen der Stadt Mülheim und, einige Monate später, ein zweites Praktikum in der Partnerstadt Tours.

Die Schülerinnen und Schüler arbeiten teils in Betrieben des gewerblichen Sektors, in Mülheim z. B. in der Hauptverwaltung von Coop und in einer Schreinerei in Speldorf, teils in Betrieben des öffentlichen Dienstes, im Krankenhaus, im Altersheim, in Kindergärten und Grundschulen, oder auch bei der französischen Post.

Die deutschen Schülerinnen und Schüler lernen seit 2 1/2 Jahren Französisch, die französischen Teilnehmerinnen und Teilnehmer seit 3 1/2 bzw. seit 1 1/2 Jahren Deutsch. Da sind die Sprachkenntnisse natürlich noch begrenzt und es erscheint zunächst zweifelhaft, ob die Schüler die sprachlichen Anforderungen eines Praktikums im Ausland ohne weiteres bewältigen können.

Um diesem grundlegenden Problem zu begegnen, haben wir die folgende Organisationsform gewählt: Wir bilden Praktikumspaare, Tandems, die in Deutschland und in Frankreich gemeinsam ein Betriebspraktikum absolvieren und sich dabei einen Praktikumsplatz teilen. Dies hat den Vorteil, daß sich die Schülerinnen und Schüler gegenseitig über die sprachlichen Schwierigkeiten des Praktikums im fremden Land hinweghelfen können. Während des Praktikums im Ausland wohnen sie in den Familien des "Tandempartners". Die betreuenden Lehrer besuchen die Praktikantinnen und Praktikanten mehrmals an ihrem Praktikumsplatz und an jeweils zwei Nachmittagen treffen sich alle Teilnehmer, um bei Kaffee und Kuchen, bzw. Croissants und Limonade den Verlauf des Projektes zu besprechen.

Zur sprachlichen und inhaltlichen Vorbereitung der Schülerinnen und Schüler haben wir zudem eine Arbeitsgemeinschaft eingerichtet, die sie auf die spezifischen sprachlichen Anforderungen des Deutsch-Französischen Praktikums vorbereitet. Im Rahmen dieser Arbeitsgemeinschaft erstellen die Schülerinnen und Schüler vor der Ankunft der französischen Praktikumspartner eine Liste mit für den jeweiligen Praktikumsplatz typischen Vokabeln, die den Schülerinnen und Schülern aus Frankreich, aber auch den deutschen Praktikanten den Einstieg in die fremde Vokabelwelt erleichtern kann.

Ein anderes Beispiel aus der Arbeit dieser AG:
Aufgrund ihrer Erfahrungen während des Praktikums in Mülheim stellten die Schülerinnen und Schüler vor der Fahrt nach Tours typische Gesprächssituationen in den Betrieben zusammen, übertrugen sie - natürlich mit Hilfe des betreuenden Lehrers - ins Französische und übten sie in Rollenspielen ein.

Was bringt ein solches internationales Praktikum für die Schüler? Welche Lernfortschritte machen sie? Ich denke, hier sind vier Lern- und Erfahrungsbereiche zu nennen.

1. Der Kontakt mit der Arbeits- und Berufswelt

Die meisten Schülerinnen und Schüler machen während des Deutsch-Französischen Betriebspraktikums ihre ersten Erfahrungen mit der Arbeitswelt überhaupt. Ganz unabhängig vom internationalen Charakter des Projektes ist dies ein prägendes Erlebnis: zum ersten Mal arbeiten sie mit Erwachsenen zusammen, sie erleben das Gefühl, sich nützlich machen zu können, Verantwortung zu tragen, sie erleben aber auch die Mühen eines langen Arbeitstages, die Routine und Monotonie bestimmter Arbeitsprozesse.

2. Der Bereich des interkulturellen Lernens

Die Schülerinnen und Schüler erfahren, daß sich zwei benachbarte Länder wie Frankreich und Deutschland nicht nur in Sprache und Essensgewohnheiten unterscheiden.
Ein markantes Beispiel: Ein französischer Schüler, der 1991 sein Praktikum im Evangelischen Krankenhaus machte, staunte, daß es so große und gut ausgestattete kirchliche Krankenhäuser gibt und stellte sich die Fragen, ob diese ganze Pracht wohl von der in Frankreich unbekannten Kirchensteuer finanziert wird ... (Wir haben ihm dann erklärt, daß es nicht so ist).

Ein anderes Beispiel: Eine französische Schülerin arbeitete in einer Grundschule und erlebte zum erstenmal Religionsunterricht. Das Mädchen, das auch selber Grundschullehrerin werden will, schreibt in ihrem Praktikumsbericht zwei Seiten begeistert darüber, daß die sechs-, sieben-und achtjährigen Kinder sich über Sinnfragen wie "Was ist das Leben, der Tod? Was ist Freundschaft? Woher komme ich? Wohin gehe ich?" unterhalten können, offensichtlich Fragen, die so in der laizistischen französischen Schule nicht gestellt werden.

Interkulturelle Unterschiede werden von den Schülerinnen und Schülern insbesondere in jenen Bereichen bemerkt, die sie aus eigener Anschauung kennen. Dies sind in erster Linie Schule und Kindergarten. Während die französischen Schülerinnen in ihren Berichten einen starken Akzent auf die Liberalität und Schüler- bzw. Kindorientiertheit der deutschen Erziehungsinstitutionen legen, fiel den deutschen Schülerinnen auf, daß in Frankreich Schule und Kindergarten durch stark reglementierende Verkehrsformen geprägt sind.

Ein markantes Beispiel: Eine Schülerin zeigt sich regelrecht schockiert von der Tatsache, daß die Kindergartenkinder, manche nur zwei Jahre alt, alle gemeinsam "auf Kommando" zur Toilette gehen müssen. Es ist nicht immer einfach, in den Gesprächen einerseits die unterschiedlichen Wirklichkeiten - auch durchaus wertend - zu reflektieren, andererseits aber vorschnelle Urteile zu verhindern, die dann schnell zu Stereotypen und unangemessenen Vorurteilen werden können.

Dennoch, oder auch gerade deshalb, halten wir Kindergarten und Grundschule für ausgezeichnet geeignete Praktikumsplätze. Die ersten Versuche mit dieser Art von Praktikumsstellen haben gezeigt, daß die Praktikantinnen an diesen Arbeitsplätzen meist sehr gute Integrationsmöglichkeiten antreffen und daß der Kontakt mit Kindern anderer Nationalität offenkundig von besondere Faszination ist - dies gilt für die Praktikanten ebenso wie für die Kinder.

3. Der sprachliche Bereich

Die Schüler erlernen die Grundlagen eines berufsspezifischen Vokabulars aus zwei Bereichen, z. B. das notwendige Vokabular, um sich in einem Krankenhaus zurechtzufinden und den Grundwortschatz des Zweiradfachhandels. Darüber hinaus lernen sie, sich nicht nur mit Gleichaltrigen zu unterhalten, sondern auch mit Erwachsenen angemessen zu sprechen und mit ihren sprachlichen Mitteln typische sprachliche Situationen des Arbeitslebens zu bewältigen.

Den tatsächlichen sprachlichen Fortschritt können wir natürlich nicht objektiv messen. Aus den Praktikumsberichten der Schüler geht jedoch hervor, daß sie selbst ihre sprachlichen Lernfortschritte - auch im Vergleich zum "normalen" Schüleraustausch - sehr positiv einschätzen, und die Kolleginnen, die die Teilnehmer unterrichten, bestätigen diese Einschätzung. Die Schülerinnen und Schüler berichten zwar auch von Schwierigkeiten - so hatte eine Schülerin Probleme mit der unklaren Aussprache der Kindergartenkinder - doch es wird insgesamt deutlich, daß das deutsch-französische Betriebspraktikum keine Überforderung der Schüler in sprachlicher Hinsicht darstellt. Das liegt sicher auch daran, daß die Schülerinnen und Schüler gemeinsam mit ihren Partnern erfolgreich Strategien entwickelten, um sprachliche Schwierigkeiten zu meistern, z. B. systematische Arbeit mit dem Lexikon, Dolmetschen des Partners in schwierigen Situationen, hartnäckiges Nachfragen oder auch Ausweichen aufs Englische, ein Repertoire an Fertigkeiten, das für Schüler des 9. Jahrgangs sicher nicht selbstverständlich ist.

Größere Probleme als die deutschen Schülerinnen und Schüler hatten jene französischen Praktikanten, die Deutsch als 2. Fremdsprache, also erst seit 1 1/2 Jahren lernen. Das Erstaunliche ist jedoch, daß auch diese Schüler, trotz ihrer teils massiven Schwierigkeiten insbesondere während der ersten Tage des Praktikums, uns gesagt haben, daß sie das Praktikum in Deutschland nicht als Überforderung empfunden haben, sondern eher als einen Sprung ins kalte Wasser mit anschließenden anstrengenden, aber erfolgreichen Schwimmübungen. Besonders gut klappte es hingegen bei den französischen Schülerinnen und Schülern, die Deutsch als 1. Fremdsprache lernen. (An den meisten französischen Collèges wird Deutsch als 1. Fremdsprache angeboten und ca. 16 % aller französischen Schüler nehmen dieses Angebot wahr.)

4. Der Bereich des sozialen Lernens

Es ist nicht immer ganz einfach, mit einem Austauschpartner aus einem fremden Land vier Wochen Praktikum gemeinsam durchzustehen. Die Ausweich- und Fluchtmöglichkeiten sind bei dieser Form des Austauschs deutlich geringer als bei einem normalen Schüleraustausch: man muß sich arrangieren und die gemeinsame Aufgabe "Betriebspraktikum" zuende bringen.

Diese Anforderung führte in einigen Fällen zu Konflikten zwischen den Austauschpartnern: z. B. "Der X kümmert sich nicht richtig um mich, läßt mich immer in der Ecke stehen" oder "Die Y läßt mich gar nicht zu Wort kommen und macht immer alles alleine, außer den Dingen, zu denen sie keine Lust hat". Es gelang den Schülerinnen und Schülern aber in aller Regel, solche Konflikte, z. T. mit Hilfe der Betreungslehrer, zu besprechen und zu lösen.

In vielen Tandems klappte es allerdings prima und die große gemeinsame Aufgabe führte zu intensiver Kommunikation und echter Freundschaft zwischen den Praktikumspartnern.

Doch nicht nur die Auseinandersetzung um das Sich-Arrangieren mit dem Praktikumspartner, sondern auch die Integration in die Arbeitsabläufe des Betriebs fordert und fördert die soziale Kompetenz der Schülerinnen und Schüler. Eine Schülerin, die sich in einer Grundschule nicht genug beschäftigt fühlte und darüber klagte, daß sie zu oft in verschiedenen Klassen eingesetzt wurde, faßte ihren ganzen Mut zusammen und ging mit ihren Problemen zur französischen Schulleiterin und bat sie höflich, den Einsatz der Praktikantinnen - zumindest im nächsten Jahr - doch vielleicht anders zu organisieren.

Die Zahl der Teilnehmer am Deutsch-Französischen Betriebspraktikum war in der Erprobungsphase noch nicht sehr groß, je sieben Teilnehmer im Jahre 1991, acht im Jahre 1992. Mittelfristig streben wir eine Teilnahme von 20 - 25 % der Französischschüler eines Jahrgangs an, das wären dann 12 - 15 Schüler. Für das nächste Jahr haben sich 13 Schüler angemeldet. Wenn unsere Partnerschule, die allerdings deutlich kleiner ist als die Gustav-Heinemann-Schule, ähnliche Anmeldezahlen hat - dies wird sich zu Beginn des französischen Schuljahrs herausstellen - wären wir unserem Ziel schon recht nah.

5. Europäischer "Mehrwert"

Wir werden oft gefragt, was denn der "europäische Mehrwert" eines solchen internationalen Schülerpraktikums ist.

Ich möchte hier drei Punkte nennen:

- Das gemeinsame Schülerbetriebspraktikum der Gustav-Heine-mann-Schule und des Collège La Bruyère ist ein neuer Mosaikstein in der Städtepartnerschaft, die die Städte Mülheim und Tours schon seit 30 Jahren verbindet.

- Ein solches Projekt kann den Schülerinnen und Schülern Mut machen, auch in Zukunft über die Grenzen zu schauen und an dere Länder nicht nur als Ferienziele zu betrachten, sondern als möglichen Lebensraum, in dem man - zumindest eine zeitlang - arbeiten, studieren, leben kann.

- Die Schülerinnen und Schüler lernen während eines solchen internationalen Praktikums, die fremde, aber auch die eigene Wirklichkeit nicht nur durch die eigene Brille, sondern auch mit den Augen der Anderen, des Fremden, zu sehen und zu erfahren.

Bericht der Arbeitsgruppe 1: Politische Bildung
Dr. Otto Schmuck
Institut für Europäische Politik

Ich bin gebeten worden, einen Bericht über die Arbeit der Arbeitsgruppe 1 abzugeben. Die Teilnehmergruppe war international besetzt. Von unseren 15 Teilnehmern waren 8 Deutsche, davon eine Teilnehmerin aus den Neuen Bundesländern. Wir hatten eine sehr aktive Belgierin dabei, zwei Österreicher, eine Finnin, eine Portugiesin, jemanden aus der Tschechoslowakei und eine Niederländerin. Die Zusammensetzung hat es uns ermöglicht, daß wir eine europäische Diskussion geführt haben. Dabei wurde deutlich, daß ein großer Diskussionsbedarf besteht; alle Teilnehmer haben sich intensiv an der Aussprache beteiligt.

Inhaltlich gliederte sich unsere Arbeit in drei Diskussionsrunden: Die erste bot Gelegenheit zur Vorstellung und Tagungskritik. Dann hatten wir eine Erfahrungsrunde und als drittes dann eine offene Diskussion, in der eine ganze Reihe von verschiedenen Themen angesprochen worden sind. Im folgenden werden einige Schwerpunkte herausgegriffen. Die Diskussion war sicherlich umfassender, doch ist es manchmal schwierig, als Berichterstatter in einer angeregten Auseinandersetzung klare Linien zu erkennen.

Einstieg war die Tagungskritik. Hier wurde deutlich, daß man bei der Konzeption der Veranstaltung den Praxisbezug etwas stärker hätte zum Tragen kommen lassen sollen. Wir haben am Anfang der Tagung zu viele Reden gehört, auch zu viele Statements von Vertretern von Institutionen. Wir hätten uns vermehrt auch kritische Stellungnahmen gewünscht. "Europa" ist im Augenblick durchaus umstritten, und es wurde bei uns deutlich, daß man doch auch ganz gerne diese Kritikpunkte in den Vorträgen wiedergefunden hätte, z. B. eine Antwort auf die Frage, warum die Dänen beim Referendum über den Maastrichter Vertrag mehrheitlich mit "Nein" gestimmt haben. Der praktische Teil hat sehr spät eingesetzt, und ist auch etwas zu kurz gekommen. Positiv gewendet und als Anregung für zukünftige Tagungen: Bitte berücksichtigen Sie künftig etwas stärker den Praxisbezug und planen Sie stattdessen weniger Plenarreden am Anfang ein, bei denen wenig Gelegenheit zur Diskussion besteht.

Die zweite Runde unserer Diskussion gab Gelegenheit zum Austausch von Erfahrungen. Dabei haben sich eine ganze Reihe von Diskussionslinien überschnitten. Es wurden methodisch-technische Fragen angesprochen, auch rechtliche Rahmenbedingungen. Dabei ging es auch um die wichtige Frage der Vermittlung von europäischen Themen im Unterricht, daneben stand der Aspekt der Lehrerfortbildung, der ja eigentlich im Vordergrund stehen sollte.

Es gab auch Meinungsaustausch zum generellen Thema "Europäische Integration - pro und contra". Demnach wurden sehr unterschiedliche Fragestellungen von unserer Arbeitsgruppe angesprochen. Dabei wurden viele Fragen angerissen: "Welches Europa meinen wir, wenn wir von europäischer Dimension reden?: Ist es das EG-Europa, ist es Gesamteuropa, meinen wir das politische Europa, das kulturelle Europa?" Die zweite Kernfrage lautet: "Soll die Europäische Dimension eher kognitiv vermittelt werden, oder bietet es sich nicht an, die affektive Dimension viel stärker in den Vordergrund zu stellen?" Dabei geht es auch um die Verdeutlichung der europäischen Dimension in der Lebenswelt Schule. Europa soll erlebbar gemacht werden, durch mehr Schülerbegegnungen, auch mehr Spiele, mehr geselliges Beisammensein.

Wir haben alle sehr interessiert zugehört, wie die portugiesische Kollegin von ihren Europäischen Clubs berichtet hat, in denen sich auf einer freiwilligen Basis Schüler und Lehrer im europäischen Rahmen in Schulen zusammenfinden. Eine weitere Frage zielte auch auf die Problemstellung, ob das Thema "Europa" in einem Fach verankert werden oder ein fächerübergreifendes Unterrichtsprinzip sein sollte. Ich glaube, hierbei handelt es sich nicht um ein "entweder - oder". Beides sollte gemacht werden.

Bei der Behandlung des Themas "EG-Europa" im politischen Sinne ist auch die Frage zu stellen, ob es Sinn und Aufgabe der Schule sein kann, als Loyalitätsbeschaffer für die entstehende politische Europäische Union zu fungieren. Hier wurde die These vertreten, daß ein allzu propagandistisches

Vorgehen eher kontra-produktiv sei; man müßte da vorsichtig sein, daß die Schule nicht in diesem Sinne mißbraucht wird.

Weiterhin wurde die Frage gestellt, ob europäische Zusammenhänge nicht viel zu kompliziert sind für die Schulen. Insbesondere Schüler der Sekundarstufe I könnten viele der europäischen Zusammenhänge noch nicht verstehen. Viele Schüler wissen auch nicht, wenn sie von der Schule abgehen, was z. B. der Deutsche Bundesrat ist.

Hier stellt sich die Frage, ob es unbedingt notwendig ist, daß man wirklich wissen muß, was der Europäische Rat oder der Europäische Gerichtshof ist, und welche Funktion er hat. Auch bei den Lehrern bestehen Wissensdefizite und Unsicherheiten mit dem Ergebnis, daß europäische Fragen vielfach keine Berücksichtigung im Unterricht finden.

Doch gibt es auch in vielerlei anderer Hinsicht vergleichbare Lücken. Ein Aspekt, der mir sehr wichtig erscheint, ist auch die Fragestellung, ob eine Konzentration auf EG-Europa mit der Zielsetzung der Schaffung eines "Wir-Gefühls" nicht gleichzeitig und zwangsläufig bedeutet, daß man sich gegenüber anderen abgrenzt. Führt das politische Zusammenwachsen der Europäer zu neuen Gräben, zur Schaffung der "Festung Europa", von der in den Zeitungen immer wieder zu lesen ist? Ich hoffe, daß das auch in einer anderen Art und Weise geht. Das ist eine wichtige Diskussion, die wir auf jeden Fall auch weiterhin verstärkt führen sollten.

Unserer Arbeitsgruppe befaßte sich auch ausgiebig mit der Frage "Warum soll Europa thematisiert werden?" Drei Gründe wurden hierfür genannt:

- Zum einen geht es darum, Verständnis zu wecken für das Andere, das Andersartige. Das ist ein wichtiges Unterrichtsziel.
- Zum zweiten bietet sich die wichtige europäische Dimension beim Sprachenlernen an.
- Zum dritten geht es auch darum, in politischen Unterricht zu verdeutlichen, daß wichtige Gegenwartsprobleme national nicht mehr gelöst werden können.

Lassen Sie mich diese drei Aspekte etwas näher verdeutlichen. Bei dem erstgenannten Punkt geht es darum, das Andersartige kennenzulernen, aber auch gleichzeitig für die Akzeptanz zu werben. Es geht um die Bereitschaft und Fähigkeit des Fremden, Andersartigkeit zu ertragen, und gleichzeitig müssen Vorurteile abgebaut werden. In unserer Diskussion wurde darauf hingewiesen, wie in anderen EG-Staaten z. B. die Deutschen gesehen werden. Da wurde uns von unserer belgischen Kollegin vorgehalten, daß gerade in Belgien die Deutschen allzu häufig als diejenigen gesehen werden, von denen gesagt wird: "Die haben, die können, die möchten". Wenn die Deutschen immer "haben" "können" und "möchten", dann erwarten natürlich die anderen, daß sich die Deutschen auch im Rahmen der EG entsprechend verhalten sollen. Das erklärt vielleicht die allzu hohen Erwartungshaltungen, die in anderen EG-Staaten aber auch in der Dritten Welt gegenüber uns Deutschen vorhanden sind.

Zweiter Grund, warum das Thema Europa in der Schule so wichtig ist, ist der Bezug zum Sprachenlernen. Fremdsprachen sind ein Medium der europäischen Begegnung. Man kann sich beim Erlernen von Fremdsprachen mit europäischen Kulturwerken befassen, man kann sich aber auch mit Politikeräußerungen zu europäischen Themen in der Originalsprache befassen. Es gibt zum Beispiel eine sehr interessante Rede der damaligen Ministerpräsidentin Margaret Thatcher, die sie 1988 in Brügge gehalten hat, über ihr Europabild. Es wäre durchaus reizvoll, sich im Englischunterricht mit einem solchen Dokument zu befassen.

Dritter Punkt, warum Europa als Thema in der Schule wichtig ist: Wesentliche Probleme können national nicht mehr gelöst werden und hier stellt die Europäische Gemeinschaft einen wichtigen Handlungsrahmen neben anderen dar. Insbesondere Probleme der Umweltpolitik, wirtschaftliche Zusammenhänge wie die Währungspolitik, sind hier anzusprechen.

Ein anderer Schwerpunkt der Diskussion, den ich herausgreifen möchte, ist die Frage, wie man dieses Thema angehen soll. Dabei gibt es zwei Denkrichtungen:

- Einmal, das im Vordergrund stehende Harmoniebedürfnis -wir müssen ein gemeinsames Europa schaffen - auch mit der impliziten oder expliziten Zielsetzung Loyalitätsbeschaffung für die Europäische Gemeinschaft auf dem Weg zu einer Europäischen Union.

- Die andere Richtung, die von uns in der Gruppe im Vordergrund gesehen wurde, ist die Frage, ob man nicht an das Thema Europa problemorientiert herangehen sollte.

Wichtig ist natürlich auch die affektive Seite, d.h. der Erlebnischarakter. Institutionenkunde oder auch die Behandlung der Entstehungsgeschichte der EG ist langweilig für die Schüler, das interessiert niemanden. Stattdessen sollte man lieber in ausgewählten Problembereichen die Bedeutung des Handlungsrahmens der EG verdeutlichen. Im Vordergrund steht dabei die rationale Abwägung der Vor- und Nachteile einer Nutzung der europäischen Handlungsebene, auch mit deutlicher Kritik an dem, was in der EG geschieht.

Es gibt eine ganze Reihe von Beispielen, die bei uns genannt worden sind und die man aufgreifen kann, z.B. ist der Müllexport in europäische Nachbarländer oder in die Dritte Welt ein aktuelles Problem, das jetzt gerade in Frankreich diskutiert worden ist. Das Verhältnis zwischen Europa und Dritter Welt ist sicherlich ein solches Thema. Erwähnt wurde auch ein Projekt "Antarktisexpedition", das von Schulen nicht nur hier in Deutschland, sondern auch in anderen Staaten parallel durchgeführt wird. Dabei kann man auch internationale Bezüge deutlich machen. Bei der Diskussion dieses Projekts haben wir darauf hingewiesen, daß es sich hierbei nicht um eine europäische Dimension handelt, sondern eher um die Bewußtmachung eines Gefühls dafür, daß wir in einem internationalen Netzwerk eingebunden sind. Bei einer Herangehensweise wird man nicht zielgerichtet auf die EG zugehen, aber man kann auch hier sehr wohl deutlich machen, daß unser Leben und Handeln in einem größeren Kontext zu sehen ist, daß wir viele Probleme nicht mehr alleine lösen können.

Ein möglicher Konfliktpunkt bei einer problemorientierten Herangehensweise besteht darin, daß von Kollegen, auch von außenstehenden, eine solche Befassung mit EG-Fragen häufig auch als "EG-feindlich" angesehen wird. Das ist unserer Meinung nach jedoch nicht der Fall. Im Gegenteil, ist es zur Heranbildung von mündigen Bürgern wichtig, die Vor- und Nachteile einer solchen Gemeinschaft zu verdeutlichen. Allerdings darf der Unterricht nicht bei der Kritik stehenbleiben. Die Schüler dürfen nicht in einem Gefühl der Ohnmacht belassen werden, nach dem Muster "Das ist ja doch nicht zu ändern, diese EG ist nicht reformfähig". Vielmehr muß in diesem Unterricht versucht werden, Handlungsmöglichkeiten aufzuzeigen, und auch Ansätze von Bürgerpartizipation in der EG zu verdeutlichen. Hierzu bietet sich z. B. das Europäische Parlament an. Jedem Bürger steht es offen, sich mit einer Petition an diese Institution zu wenden.

Als letzten Schwerpunkt unserer Diskussion möchte ich noch das Problem der praktischen Vermittlung an Schulen ansprechen: Es wurde darauf hingewiesen, daß das Thema Europa sehr komplex ist und daß es, wenn man sich solchen Fragestellungen in der von uns bevorzugten problemorientierten Weise widmet, sehr leicht den Rahmen des schulischen Alltags sprengt. Die übliche Stundenplaneinteilung stört sehr, wenn man sich mit verschiedenen Aspekten von Europafragen befaßt. Es wurde auch die Grundsatzfrage gestellt, ob man nicht die ganze Schule umorganisieren müßte. Zugleich wurde auch auf die Möglichkeit hingewiesen, Projekte, Projektwochen, Projekttage zu europäischen Themen durchzuführen. Wichtig ist, daß es möglich ist, gerade bei einer solchen Herangehensweise, fächerübergreifend in der Abstimmung mit Kollegen die verschiedenen Aspekte zu behandeln.

Zum Schluß möchte ich auf einige Forderungen hinweisen, die aus unserer Gruppe gekommen sind.

- Einmal wurde deutlich, daß das Thema Europa stärker in der Lehreraus- und -fortbildung verankert werden sollte. Dabei muß der Praxisbezug im Vordergrund stehen.

- Zweitens wurde darauf hingewiesen, daß es zahlreiche Unterrichtsmaterialien zu Europa gibt, aber es fehlt an der Darstellung von aktuellen, problemorientierten Zugängen. Es ist wichtig, daß man in diesem Bereich entsprechende Materialien bekommt.

- Dritter Punkt: Es fehlen vor allen Dingen auch Materialien und Schulbücher für einen bilingualen Unterricht. Für Kollegen, die bilingual vorgehen, ist es sehr schwierig, für solche Klassen, die noch nicht fit sind in beiden Sprachen, entsprechend aufgearbeitete Materialien zu bekommen. Es fehlen Unterrichtsmaterialien und auch Schulbücher, die den betreffenden Inhalt in zwei Sprachen liefern.

- Viertens müßten zur Verdeutlichung der Europäischen Dimension im Unterricht in der, d. h. Lebenswelt Schule, verstärkt Hilfestellungen gegeben werden. Notwendig ist es z. B. daß für Schülerbegegnungen verstärkt finanzielle und administrative Hilfen gegeben werden.

Daneben wurden noch einzelne Punkte angesprochen, z.B. gibt es in Österreich ein besonderes Problem mit den Schulassistenten, die offensichtlich nicht hinreichend gefördert werden. Im Schulunterricht müßten generell verstärkt Schulassistenten eingesetzt werden, um den Sprachunterricht lebensnäher zu gestalten.

Zusammenfassend möchte ich sagen, daß die Vermittlung der Europäischen Dimension nicht kritiklos als Loyalitätsbeschaffung für die EG verstanden werden darf. Vielmehr sollte ein problemorientiertes Herangehen gesucht werden, in dem der Handlungsrahmen EG mit seinen Vor-und Nachteilen verdeutlicht wird. Dabei sollten sowohl die kognitiven Aspekte als auch die affektiven Aspekte eine Rolle spielen.

Eine Anregung möchte ich als Abschluß meiner Ausführungen für die nächste Tagung geben: Im Vordergrund sollte der Praxisbezug stehen. Inhaltlich sollte sich die Tagung exemplarisch mit einem Thema befassen. Die Fragestellung "Europa und Dritte Welt" eignet sich sicherlich sehr gut dafür. Die Nord-Süd-Thematik enthält eine ganze Reihe von europäischen Bezügen, die man aufgreifen kann: die gemeinsame europäische Kolonialgeschichte, das Handlungsfeld der EG, vor allem die Lomé-Verträge der EG mit 69 Entwicklungsländern aus Afrika, aus dem karibischen und dem pazifischen Raum, und man kann auch die unterschiedlichen nationalen Entwicklungspolitiken aufzeigen. Bei diesem Thema kann man vieles von dem deutlich machen, was mir sehr wichtig erscheint.

Am Anfang meines Berichtes habe ich diesen Aspekt angesprochen: "Muß sich die EG abkapseln, führt die Schaffung des "Wir-Gefühls" dazu, daß man sich gegenüber anderen abgrenzt?" Ich glaube, gerade bei der Behandlung der Entwicklungspolitik in Verknüpfung mit EG Themen kann man deutlich machen, daß die Schaffung eines gemeinsamen Europas nicht heißen kann, daß sich die Europäer nach außen abgrenzen. Eine "Wohlstandsinsel-EG" in einem Meer der Armut kann und darf es nicht geben.

Bericht der Arbeitsgruppe 2: Politische Bildung
Günter Renner
Europäische Akademie Berlin

Meine Damen und Herren,

die zweite Gruppe war kleiner, überwiegend deutsch mit nur einem dänischen Teilnehmer. Einleitend wurde Kritik geäußert an der Gestaltung des ersten Teils dieser Tagung. Es fiel der Satz, daß die Ausführungen zu "ruppig" gegenüber Andersdenkenden gewesen seien, also zu euphorisch, zu wenig kritisch, zu wenig kontrovers.

Im weiteren Verlauf hat sich die Gruppe bemüht, das Thema "Lehrerfortbildung" einzuhalten. Wir haben uns dabei immer wieder korrigieren und zurückholen müssen auf die Frage, inwieweit eine Europäische Dimension in der Lehrerfortbildung zur Diskussion steht. Hierbei kamen Diskussionen auf, die ich nur kurz ohne große Struktur oder roten Faden erwähnen kann. Ich nenne einfach einige Stichworte aus dieser Diskussion.

Ein erstes Stichwort behandelte die Frage, wieweit Lehrer überhaupt eine Vorbildung zu diesem Themenbereich haben, inwieweit sie im Laufe ihres Studiums oder des Referendariats jemals etwas von einer Europäischen Dimension gehört haben. Der Eindruck war, daß das gegen Null tendiert, daß diese Themen im Studium, in der Ausbildung nicht erwähnt werden und deshalb Lehrer da einen gewissen Nachholbedarf haben. Ein zweiter Aspekt zu diesem ersten Punkt. Es wurde geäußert, daß Lehrer häufig insofern einen begrenzten Blickwinkel haben, als sie sich stark auf naheliegende, d. h. regionale und nationale Themen konzentrieren müssen und daß sie in der Regel keine Kenntnisse über Ökonomie haben - wenn sie nicht gerade Wirtschaftslehrer sind. Integration Europas läuft aber stark über Ökonomie, Wirtschaft und Handel. Von daher ist dem Lehrer der Themenbereich zunächst grundlegend fremd. Schließlich ist der Themenbereich in sich sehr komplex und sehr schwierig und von daher sicherlich nicht gerade attraktiv. Das heißt, es stehen eine Reihe von Schwierigkeiten für den Lehrer am Anfang, die berücksichtigt werden müssen.

Ein zweiter Diskussionspunkt konzentrierte sich auf die Alternative "Soll man Lehrer in der Lehrerfortbildung für Europa begeistern, um sie überhaupt zu motivieren, oder geht es eher um die rationale Urteilsbildung?" Das wurde nicht entschieden, und ist auch subjektiv sicherlich unterschiedlich. Aber es wurde doch eine gewisse Distanz gegenüber diesem Ansatz der Begeisterung geäußert. Die kann vielleicht am Ende stehen oder am Ende kann Überzeugung stehen, aber vermutlich ist es doch wichtiger, relativ rational an diese Komplexe heranzugehen.

Einen längeren Zeitraum nahm dann die Diskussion über die Fragestellung "Was ist denn überhaupt die Europäische Dimension?" in Anspruch. Auch hier gab es zunächst eine Reihe von Äußerungen verschiedener Art. Es fiel zum Beispiel, als anderer Zugang zu dieser Frage "Europäische Dimension", das Stichwort der Identität. Man spricht bereits von europäischer Identität, das ist ein sehr vager Begriff, aber auch hier wurde erwähnt, daß es ja eine Reihe von solchen Identitäten gibt, die jeder Bürger in seiner Brust trägt. Seine Identität als Brandenburger oder Berliner oder Bayer, seine Identität als Däne, Deutscher, Türke, seine Identität als Weltbürger vielleicht, die ja auch anzutreffen ist und dazwischen eben eine Identität als Europäer, wie immer man das dann im Einzelnen definieren kann. Aber es ist wohl keine Frage, daß es eine solche Identität gibt, die etwas mit Loyalität zu tun hat, etwas mit Geschichte und Kultur, etwas mit Zugehörigkeit. Es gab darüber ein längeres Gespräch, dieses blieb am Ende offen.

Schließlich dann noch einige Bemerkungen zum Thema Lehrerfortbildung. Hier gab es längere Gespräche und Debatten über die Alternative: "Soll man mehr Inhalte vermitteln oder soll man Methoden bevorzugen in der Lehrerfortbildung zur Europäischen Dimension?" Dazu gab es unterschiedliche Standpunkte. Es fielen Vorschläge wie: Es wäre wichtig, überhaupt Zugänge zu diesem Themenkreis zu eröffnen oder positive Ansätze zu öffnen; vorzutragen, daß es überhaupt sinnvoll ist, sich mit diesem Thema in der Schule zu befassen und Schülern dazu etwas zu vermitteln. Die Frage wurde nicht abschließend entschieden.

Zur Frage der Europäischen Dimension, was das denn nun eigentlich sei und insofern auch für die Lehrerfortbildung von Bedeutung sei, kann man darauf verweisen, daß dazu bereits Vorarbeiten geleistet sind. Es gibt Dokumente, die Sie zum Teil ja auch bekommen haben. Es sind vor allen Dingen drei Texte, die hier zur Debatte stehen. Einmal die Entschließung der Kultusministerkonferenz der Bundesrepublik. In dieser Entschließung gibt es eine Beschreibung dessen, was denn Europäische Dimension ist. Man muß also diese Dinge nicht unbedingt neu erfinden, sondern man kann es zunächst einmal nachlesen. Es gibt dort kognitive und affektive Beschreibungen. Das gilt für den deutschen Sprachraum.

Es gibt zweitens eine analoge Entschließung der im Rat Vereinigten Bildungsminister auf EG-Ebene. Auch die zwölf Bildungsminister haben sich auf einen Katalog geeinigt in dieser Entschließung, der weitgehend dem Katalog der Deutschen Kultusministerkonferenz entspricht. Das ist die Ebene der zwölf Länder. Es ist ein Konsens aus westeuropäischer Sicht.

Und schließlich gibt es ein drittes Dokument, das Sie auch haben, nämlich vom Europarat mit nunmehr 25 Mitgliedsstaaten, von der Türkei bis Norwegen, die ebenfalls ein solches Dokument erarbeitet haben und die praktisch zu den gleichen Ergebnissen kommen. Auch diese Formulierungen sind mehr oder weniger identisch mit den zuerst genannten. D.h. man muß jetzt nicht noch einmal eine Tagung machen zum Thema "Was ist europäische Identität?". Das kann man in der Tat nachlesen. Man kann darüber diskutieren, ob dieser Katalog umfassend und präzise genug ist. Darüber kann und soll man nachdenken, aber es gibt sozusagen eine Basis.

Die Aufgabe der Lehrerfortbildung wäre jetzt, daß sich die Einrichtungen der Lehrerfortbildung das zur Hand nehmen und überlegen, wie sie das vor Ort im Lande Nordrhein-Westfalen oder in Dänemark oder anderswo umsetzen können. Es gibt also eine vorbereitete Grundlage, die die europäischen Meinungen widerspiegelt. Das ist nicht mehr eine individuelle Meinung irgendeines Professors, sondern das ist die politisch abgestimmte Meinung als Ergebnis langfristiger Diskussionen. Auf dieser Basis sollte Lehrerfortbildung beginnen und versuchen, das umzusetzen.

Der letzte Teil der Diskussion kam noch einmal darauf zurück, wie man das dann nun machen könnte und hier ist allerdings noch Arbeit nötig. Etwa die Vorüberlegung, was aus diesen Katalogen denn nun wirklich Schlüsselfragen sind. Wohl sind die Dinge wirklich im Kern anzufassen. Notwendig ist also eine Reduktion dieser Kataloge, die noch relativ umfangreich sind. Es fiel der schöne Satz, daß alles das nicht eine Frage der Menge des Wissens ist, daß man nun alles wissen müßte und alles noch einmal lernen müßte, sondern es auch eine Frage der Bewertung, der Einschätzung, der Handhabung ist.

Lehrerfortbildung müßte Lehrern anbieten, aus diesem sehr komplexen und kontroversen Bereich handhabbare Zugänge für Unterricht zu vermitteln. Also erprobte Unterrichtsmodelle, Projekte, die gelaufen sind, so daß es für den Lehrer greifbar wird. Man kann also nicht jedem Lehrer jetzt 6 Semester Europastudium zumuten, das wird er nicht mitmachen. Aber man kann ausgewählte, konzentrierte Schlüsselprobleme anbieten, möglichst in der Praxis erprobt, und dann überlegen, ob man das übertragen kann, ob man das weiterentwickeln kann.

Es gibt dafür Beispiele in vielen Ländern, die allerdings oft regional bedingt sind durch administrative und finanzielle Einschränkungen, aber es ist möglich. Das heißt, die Vielfalt von Lehrerfortbildung, sei es in 1-Tagesveranstaltungen oder längerfristig wöchentlich einmal am Abend, sollte zunächst auf das zurückgreifen, was es im Prinzip gibt und die Thematik in der einen oder anderen Form anbieten. Eine Konsequenz dieser Überlegungen wäre eine systematisch und gezielte Verbreitung vorhandener Erfahrungen und Modelle so wie die Information der in der Lehrerfortbildung Tätigen.

Das ist im wesentlichen der Kern dessen, was diskutiert wurde. Zu weitergehenden Vorschlägen haben wir dann keine Zeit mehr gehabt.

Soester Modell - Europa 1993: Landesweite Lehrerfortbildung in Nordrhein-Westfalen

Ulrich Blasczyk
Landesinstitut für Schule und Weiterbildung, Soest

Nach Befragungen von Lehrerinnen und Lehrern ist zu vermuten, daß "Europa" im Unterricht bislang einen eher peripheren Stellenwert hatte. Europäische Themen sind in Schulbüchern sowie in Lehreraus- und -fortbildung bisher unzulänglich berücksichtigt. Wissensdefizite von Lehrerinnen und Lehrern, die aus der Diskrepanz zwischen zurückliegenden Ausbildungsständen einerseits und aktuellen wirtschaftlichen sowie politischen Entwicklungen andererseits resultieren, sind vermutlich ein weiterer zentraler Grund für die mangelnde Thematisierung europäischer Fragen im Unterricht. Auch die große Komplexität europäischer Entwicklungen und Probleme spielt in diesem Zusammenhang eine entscheidende Rolle. Im Kern geht es dabei um Themen und Fragen, die politisch-historische Bildung in ihren schulischen Bezugsfächern betreffen. Entsprechend ist eine Maßnahme zur Lehrerfortbildung erforderlich.

Ziele der Fortbildungsmaßnahme

Die Fortbildungsziele sind zentral auf den EG-Binnenmarkt gerichtet. Von diesem thematischen Zentrum aus werden auch fachwissenschaftliche und fachdidaktische Ansätze zur europäischen Integration und ihrer globalen politischen, ökonomischen, sozialen und ökologischen Zusammenhänge behandelt. Darüber hinaus sind die aktuellen Entwicklungsstände der Europäischen Integration nicht ohne historische Erhellung von Zukunftsfragen und -entwürfen zu beurteilen.

- Die Teilnehmerinnen und Teilnehmer erhalten Gelegenheit, ihre bereits vorhandenen Kenntnisse über die historischen, politischen, gesellschaftlichen, ökonomischen, sozialen, ökologischen und rechtlichen Entwicklungen und Dimensionen der europäischen Einigung zu vertiefen, mit neuen Tendenzen und Problemen vertraut und für deren Bedeutung sensibilisiert zu werden.

- Auf Unterricht bezogen soll die Fortbildungsmaßnahme den Teilnehmerinnen und Teilnehmern ermöglichen, Schlüsselfragen zu ausgewählten exemplarischen Problembereichen aufzuarbeiten und dabei neue fachwissenschaftliche Kenntnisse zu erlangen.

- Durch Einführung und Anwendung spezifisch geeigneter Methoden wie z. B. Fall- und Problemstudien, Befragung, Erkundung, Rollen- und Planspiele, aber auch durch internationale Begegnungen und europäische Kontakte sollen Teilnehmerinnen und Teilnehmer Arbeitskonzepte für die unterrichtliche Umsetzung europäischer Themen gewinnen.

- Im Rahmen dieser Fortbildungsmaßnahme erhalten die Teilnehmerinnen und Teilnehmer die Möglichkeit, in Verbindung mit den Arbeitsergebnissen der Fortbildungsblockveranstaltungen authentische Erfahrungen durch den Besuch von Organen der EG (z. B. Europaparlament) und von politisch benachbarten Einrichtungen (z. B. Europarat) zu gewinnen.

- Erarbeitete Unterrichtskonzepte zu den ausgewählten europäischen Themen und Problemen sollen von den Teilnehmerinnen und Teilnehmern unterrichtspraktisch erprobt und reflektiert werden können.

Inhaltsbereiche
Im Hinblick auf die gegebene Problemlage und die Ziele der Fortbildungsmaßnahme stehen folgende Inhalts- bzw. Problembereiche zur unterrichtsbezogenen Aufarbeitung in der Lehrerfortbildung an:

° Der EG-Binnenmarkt der vier Freiheiten im Zusammenhang mit neuen Entwicklungen und offenen Fragen im Hinblick auf:
Wirtschafts- und Währungspolitik, Sozialpolitik, Umweltpolitik, Verkehrspolitik, Wettbewerbspolitik, Verbraucherpolitik, Energiepolitik, Forschungs- und Technologiepolitik, Agrarpolitik;

° Die Vollendung des EG-Binnenmarktes und das Ziel einer Europäischen Union - nationalstaatliche Souveränität und übernationale Integration;

° Westeuropäische Integration und gesamteuropäische Friedensordnung;

° Friedliche Konfliktlösung und Herausbildung einer europäischen Rechtsordnung;

° Europäische Integration und ihre internationalen politischen und wirtschaftlichen Folgen.

Fortbildungsmaterialien
Zur Aufarbeitung dieser Inhalts- und Problembereiche werden den Teilnehmerinnen und Teilnehmern fortbildungsdidaktisch aufbereitete Materialien (Materialbausteine) zur Verfügung gestellt, die fachwissenschaftliche Problemzugänge ermöglichen, relevante didaktische Ansätze vorstellen sowie unterrichtspraktische Umsetzungen unterstützen und reflektieren helfen.

Folgende Materialbausteine werden für die Aufarbeitung ausgewählter Problem- und Inhaltsbereiche vorgelegt:

Inhaltsübersicht (Materialbausteine)

Baustein 1: Die Europäische Einigung - Herkunft, Probleme, Zukunft
Baustein 2: Die Europäische Gemeinschaft als politisches System
Baustein 3: Die soziale Dimension des Europäischen Binnenmarktes
Baustein 4: Agrar- und Umweltpolitik in der Europäischen Gemeinschaft
Baustein 5: Der EG-Binnenmarkt als notwendiges Komplement zur Wirtschafts- und Währungsunion
Baustein 6: Die Bedeutung des Binnenmarktes für die deutsche Automobilindustrie
Baustein 7: Europas bunter Supermarkt? Der Verbraucher und der Binnenmarkt
Baustein 8: Das Ruhrgebiet - eine europäische Region; Chancen und Herausforderungen des Binnenmarktes
Baustein 9A: Europa nach 1945: Ideen und Konzepte in der Geschichte
Baustein 9B: Europa nach 1945: Die Geschichte der europäischen Integration in der Karikatur

Baustein 10:   Neue Europäische Friedensordnung

Den wirtschaftlichen und politischen Entwicklungen entsprechend werden künftig weitere Materialbausteine vorgelegt.

Adressaten der Fortbildungsmaßnahme
Das Fortbildungsangebot richtet sich an Lehrerinnen und Lehrer, die in den Schulformen der Sekundarstufen I und II in den vorrangig betroffenen Fächern des gesellschaftswissenschaftlichen Lernbereiches unterrichten:

Sekundarstufe I:	Geschichte/Politik, Arbeitslehre/Wirtschaftslehre, Erdkunde, Politik, Geschichte, Sozialwissenschaften
Sekundarstufe II:	Sozialwissenschaften, Geschichte, Erdkunde, Politik/-Geschichte, Gesellschaftslehre mit Geschichte
Schulen des zweiten Bildungsweges	Geschichte/Sozialwissenschaften, Soziologie, Geschichte/Soziologie, Erdkunde

Umfang, Ablauf und Organisation der Fortbildungsmaßnahmen
Der einzelne Fortbildungskurs umfaßt etwa 80 Fortbildungsstunden und wird in zwei Blockveranstaltungen sowie einer drei- bis viertägigen Exkursion in thematischem Anschluß an die Blockveranstaltungen in ein europäisches Nachbarland durchgeführt.

Die Fortbildungsveranstaltungen werden in regionalen Gruppen durchgeführt.

Wegen der je unterschiedlichen curricularen, unterrichtlichen und schulorganisatorischen Voraussetzungen wird die Fortbildungsmaßnahme nach Schulstufen differenziert angeboten. Innerhalb der stufenspezifischen Angebote soll zeitweise ggf. nach Schulformen und Unterrichtsfächern differenziert werden.

In der Regel werden in jedem Schuljahr je Regierungsbezirk zwei Fortbildungsgruppen eingerichtet. Die Fortbildungsgruppen bestehen jeweils aus 20 Teilnehmerinnen und Teilnehmern.

Moderatorinnen und Moderatoren
Jede Fortbildungsgruppe wird von zwei Moderatorinnen bzw. Moderatoren geleitet, die jeweils unterschiedliche Schulformen und -fächer aus dem Bereich ihrer Schulstufen vertreten.

Die Moderatorinnen und Moderatoren nehmen an einer vorbereitenden Qualifizierung (5 Tage) sowie an Rückkopplungsveranstaltungen (5 Tage) im Jahr teil.

Zum "Moderatoren - Modell"
Lehrerfortbildung in Nordrhein-Westfalen wird von Moderatoren durchgeführt. Das Landesinstitut für Schule und Weiterbildung in Soest übernimmt dabei in der Lehrerfortbildung drei Aufgaben:

- Konzeptentwicklung der konkreten Fortbildung,
- Materialentwicklung für die Moderatoren und die Teilnehmer der Fortbildung,
- Moderatorenqualifizierung der LehrerInnen, die die Fortbildung durchführen.

Das Herzstück, der Schatz der Lehrerfortbildung sind die Moderatorinnen und Moderatoren. Die Moderatorenqualifizierung bildet neben Konzeptentwicklung, Materialentwicklung, vorbereitenden und begleitenden Arbeiten gewissermaßen den Kern der auf die konkrete Fortbildung zielenden Tätigkeiten.
Im nachfolgenden Orientierungsrahmen einschließlich Erläuterungen werden die fortbildungsdidaktischen Prinzipien und Aspekte des "Soester Moderatoren-Modells" differenziert dargestellt.

Die Vorbereitung der Europa-Fortbildung in diesem Sinne dauerte ca. zwei Jahre. Insgesamt sind in NRW in fünf Regierungsbezirken 23 Moderatoren und Moderatorinnen qualifiziert worden. Diese Kolleginnen und Kollegen stehen nach der Qualifizierung den Regierungspräsidenten resp. den Fortbildungsdezernaten zum Einsatz in der Fortbildung zur Verfügung. Nachqualifizierung, Moderatorenrückkopplungen und Moderatorenfortbildung werden weiterhin vom Landesinstitut übernommen.

Erläuterungen des Orientierungsrahmens (Schaubild 1 im Anhang)
Im Rahmen landesweiter Schwerpunktprojekte wird in zeitlicher und aufgabenbezogener Hinsicht zwischen vier Arbeitsphasen differenziert, die sich in je spezifischer Weise auf Teile des fortbildungsdidaktischen Orientierungsrahmens beziehen. Unterschieden wird dabei zwischen dem makrodidaktischen und mikrodidaktischen Bereich. Der makrodidaktische Bereich erstreckt sich auf die Kategorien 1. bis 8.; der mikrodidaktische Bereich ist durch die Kategorien 9. bis 13. abgesteckt.

Die landesweiten Schwerpunktprojekte zur Lehrerfortbildung sind im einzelnen durch folgende Arbeitsphasen strukturiert:

Phase I: Erarbeitung einer Studie
zum geplanten Lehrerfortbildungsprojekt, die im Anschluß an die Bezugsfelder (1.) und die Bedingungsfelder der Lehrerfortbildung (2.) sowie die Prüfung von Gegenwarts- und Zukunftsbedeutung und der Exemplarität der anstehenden Fragen (3.) zunächst auf eine Problemanalyse im Zusammenhang mit einer Bedürfnis- und Bedarfsklärung gerichtet ist. Weiterhin geht es um die Skizzierung globaler Fortbildungsziele und -inhalte (4.), erste Methodenüberlegungen (5.), Materialklärungen (6.), Evaluationsfragen (7.) sowie um die vorläufige Entscheidung über Organisationsformen im geplanten Fortbildungsprojekt (8.). In der Regel münden die Arbeiten an solchen Projektstudien auch in Erlaßentwürfen für den Kultusminister, mit denen die jeweiligen Eckdaten der Fortbildungsarbeit politisch, administrativ und fiskalisch geregelt werden sollen.

Phase II: Erarbeitung einer fortbildungsdidaktischen Projektkonzeption
  sowie der erforderlichen Fortbildungsmaterialien.
Mit der Projektstudie bzw. dem Erlaßentwurf sind Fragestellungen definiert und Lösungskonzepte vorgeschlagen worden; in den entsprechenden

Erlaßentwürfen finden sich jeweils Verfahrensvorschläge im Hinblick auf die anstehenden Fortbildungsprojekte. Konkrete Fortbildungsarbeit wird damit noch nicht möglich; es bedarf einer projektbezogenen fortbildungsdidaktischen Gesamtplanung, die zugleich den didaktischen Rahmen für die jeweils erforderliche Materialentwicklung darstellt. Grundlage für die Planungsarbeit in dieser Phase ist im Anschluß an die makrodidaktischen Regelungen (Phase I.) der makrodidaktische Bereich (Kategorie 4. bis 7.) und der mikrodidaktische Bereich der Kategorien 9. bis 13.

Für diese Arbeitsphase wird in der Regel eine projektspezifische Planungs- bzw. Arbeitsgruppe am Landesinstitut eingerichtet, die sich aus qualifizierten und erfahrenen Schulpraktikern (Lehrerinnen/Lehrer, Fachleiterinnen/-Fachleiter, Hochschulangehörige etc.) zusammensetzt und deren Mitglieder eine Stundenentlastung in ihren jeweiligen Hauptämtern erhalten.

Phase III: Planung, Durchführung und Auswertung der Moderatorinnen/ Moderatoren-Qualifizierung.

Wenn im Hinblick auf das jeweils anstehende Fortbildungsprojekt die grundlegenden Fragen durch die Projektstudie und deren Diskussion abgearbeitet worden sind, wenn der entsprechende Erlaßentwurf diskutiert, ggf. modifiziert und entschieden worden ist und wenn auf dieser Grundlage eine fortbildungsdidaktische Projektkonzeption mit spezifischen Fortbildungsmaterialien erarbeitet worden ist, geht es in der sich anschließenden Phase III darum, die ausgewählten Moderatorinnen/Moderatoren so zu qualifizieren, daß sie die Projektvorgaben und -ansprüche ihrerseits in der Leitung bzw. Moderation regionaler Lehrerfortbildungsgruppen realisieren können.

Moderatorinnen/Moderatoren haben in der Regel als Arbeitsgruppenmitglieder an der Konzeptionierung des Fortbildungsprojekts und der Entwicklung von Fortbildungsmaterialien teilgenommen; wird eine größere Anzahl von Moderatorinnen/Moderatoren gebraucht, muß über die Zahl der ehemaligen Arbeitsgruppenmitglieder hinaus nach weiteren qualifizierten Moderatorinnen/Moderatoren gesucht werden. Moderatorinnen/Moderatoren-Gruppen sind darum häufig heterogen zusammengesetzt, weil sie einerseits aus Mitgliedern bestehen, die intensiv an der Planung des Projekts mitgearbeitet haben, und andererseits aus neuen Mitgliedern, die über ihre Qualifikation und Berufserfahrung als Lehrerinnen/Lehrer, Fachleiterinnen/-Fachleiter etc. hinaus keine Fortbildungskompetenzen einbringen.

In der Moderatorenqualifizierung geht es vor allem darum, die Moderatorinnen/Moderatoren mit dem handling der fortbildungsdidaktischen Analyse des Mikrobereichs (Kategorien 9. bis 13.) vertraut zu machen. In diesem Zusammenhang stehen weiterhin an die Einführung und Übung ausgewählter Fortbildungsmethoden (5.), die Arbeit mit den vorliegenden Fortbildungsmaterialien (6.), Fragen der Fortbildungsevaluation (7.) sowie die Entscheidung von Organisationsformen der Moderatorenqualifizierung.

Phase IV: Planung, Durchführung und Auswertung regionaler und lokaler Lehrerfortbildung durch Moderatorinnen/Moderatoren.
Nach Abschluß aller vorbereitenden Arbeiten (Projektstudie, Erlaßentwurf bzw. Erlaß, fortbildungsdidaktische Projektkonzeption und Fortbildungsmaterialien, Moderatorinnen/Moderatoren-Qualifizierung) beginnt die lokale bzw. regionale Fortbildungsarbeit der Moderatorinnen/Moderatoren jeweils im Auftrag der zuständigen Regierungspräsidenten. Auf der Grundlage der makrodidaktischen Vorgaben dienen die mikrodidaktischen Kategorien (9. bis 13.) den Moderatorinnen/Moderatoren zur fortbildungsdidaktischen Analyse, d.h. der Planung, Durchführung und Auswertung der konkreten Fortbildungsarbeit.

Parallel zur lokalen und regionalen Lehrerfortbildung der Moderatorinnen/ Moderatoren bietet das Landesinstitut für Schule und Weiterbildung weiterführende, begleitende Fortbildungen für die Moderatorinnen/Moderatoren an (neue Themen, Handlungsmodelle, Lösungskonzepte, Unterrichtsbeispiele etc.) sowie Veranstaltungen zum Austausch und zur Reflexion von Erfahrungen in der Fortbildungsmoderation. Ebenfalls parallel zur lokalen und regionalen Fortbildungsarbeit finden auf der Grundlage der jeweiligen Evaluation Revisionen der betreffenden Projektkonzeptionen und der Fortbildungsmaterialien statt.

Bericht der Arbeitsgruppe 3 - Kulturelle Bildung
Helga Hinke
Bayerisches Staatsministerium für Unterricht, Kultus, Wissenschaft und Kunst, München

1. Der zur Verfügung stehende Zeitrahmen war im Hinblick auf die sehr konkrete Aufgabenstellung auch aus der Sicht von Arbeitsgruppe 3 zu knapp bemessen. Da nicht alle Mitglieder der Gruppe - auch nicht die Arbeitskreisleiterin - an der Mainzer Tagung teilgenommen hatten und nicht an den dort erreichten Diskussionsstand anknüpfen konnten, da außerdem der andere Erfahrungshintergrund der Tagungsteilnehmer aus dem Osten eine neue Sicht auf das dem Westen seit langem vertraute Anliegen der europäischen Integration mit sich brachte, mußte ein großer Teil der Zeit grundsätzlichen Fragen gewidmet werden. Einige seien hier genannt:

   - Was heißt kulturelle Bildung?
   - Was ist unter der europäischen Dimension im Bereich der kulturellen Bildung zu verstehen?
   - Ist die europäische Dimension in der Schule auch für die neuen Länder ein vordringliches Anliegen?
   - Geht die Beschäftigung mit der gemeinsamen europäischen Kulturtradition nicht zu Lasten der neu zu belebenden regionalen Traditionen bzw. der zu entwickelnden regionalen Identitäten;
   - Ist die Betonung der europäischen Dimension in Unterricht und Erziehung überhaupt zeitgemäß, führt sie nicht eher zu einer Ausgrenzung Europas, zumindest zu einer Überbewertung der europäischen Kultur?

2. Im Lauf der lebhaften Diskussion gelangte die Arbeitsgruppe zu folgender Übereinstimmung: Die europäische Dimension im Unterricht darf nicht zu einem westlich geprägten Eurozentrismus führen. Das Gebot der Stunde ist eine interkulturelle Erziehung, die weit über die Grenzen des europäischen Kulturraums hinausreichen muß. Öffnung gegenüber fremden Kulturen und Verständnis für deren Wert ist allerdings erst auf

der Grundlage einer eigenen kulturellen Identität möglich und setzt ein reflektiertes Bewußtsein dieser Identität voraus.

3. Der Kulturkreis, dem der Einzelne angehört, prägt seine persönliche Orientierung, seine Bewertungsmaßstäbe und Lebensformen. Es wurde herausgestellt, daß die europäische Kultur von der Überzeugung geprägt ist, daß die Würde des Menschen unantastbar ist. Daraus leiten sich die Freiheitsrechte ab, die Gleichheit vor dem Gesetz, Gerechtigkeit und Toleranz sowie Demokratie, Rechtsstaatlichkeit und Sozialstaatlichkeit als Prinzipien der staatlichen Ordnung.

4. Die Menschen in Europa erwerben ihre kulturelle Identität zunächst in verschiedenen Regionen und Nationen mit durchaus unterschiedlichen Auffassungen, Lebensmustern und Verhaltensweisen. Die Einsicht, daß sie dennoch durch die gemeinsamen Grundüberzeugungen verbunden sind, ist das Ergebnis eines Bildungsprozesses, an dem die Schule einen wesentlichen Anteil hat.

Ihre Aufgabe ist es, die genannten identitätsstiftenden Traditionslinien europäischen Denkens herauszuarbeiten, sie den Schülern als Teil ihres Selbst- und Weltverständnisses und als Richtschnur ihres Handelns bewußt zu machen. Ein zentrales Thema in diesem Zusammenhang ist die fächerübergreifende Beschäftigung (im Unterricht und in Projekten) mit den Menschenrechten - dies ist angesichts der zu beobachtenden Fremdenfeindlichkeit von großer erzieherischer Bedeutung.

5. Die Arbeitsgruppe vertrat die Auffassung, daß die Ideengeschichte der Menschenrechte, an der Theologen, Philosophen, Rechtsgelehrte und Staatstheoretiker aus allen europäischen Ländern mitgewirkt haben, zum Bestandteil der Lehrerfortbildung werden sollte. Geläufig sind zwar die Beiträge des deutsche Idealismus oder der französischen Revolution, die der spanischen Rechtsgelehrten oder die der englischen Philosophen finden in der Regel weniger Beachtung.

Unter diesem Aspekt sollte auch zusätzliche Information zu den Menschenrechten als politische Kategorie gegeben werden. Für Lehrer der gymnasialen Oberstufe können auch Fortbildungsveranstaltungen zur europäischen Verfassungsgeschichte des 18. und 19. Jahrhunderts nützlich sein, wenn Schüler ein vertieftes, auf die europäischen Wertüberzeugungen bezogenes Verständnis des modernen Verfassungsstaates gewinnen sollen.

Hier berührt sich das Anliegen der kulturellen Bildung mit dem der politischen. Denn die Verfassung, die Ordnung, die sich ein Gemeinwesen gibt, ist Ausdruck seiner geistigen Grundorientierung, seiner Kultur. Zur Geschichte der Menschenrechtsidee gehört schließlich ihre internationale Verbreitung. Ihre Verankerung in den verschiedenen internationalen Konventionen, allen voran der Charta der Vereinten Nationen, sollte als Thema der politischen Ethik (also "Kultur") ebenfalls zum Fortbildungsprogramm gehören.

Die genannten Themen sollten nicht zuletzt in Fortbildungsveranstaltungen im Bereich des Fremdsprachenunterrichts aufgenommen werden. Die Vermittlung von erhöhter Sprachkompetenz etwa im bilingualen Unterricht, reicht allein nicht aus, die europäische Dimension als kulturelle Bildung zu verwirklichen. Auch die traditionelle Landeskunde leistet in dieser Hinsicht zu wenig. Es wäre daher wünschenswert, sich in der Fortbildung auch mit den Beiträgen des jeweiligen Landes und den beschriebenen Phänomenen der europäischen Geistesgeschichte und des europäischen Denkens zu beschäftigen und damit gleichzeitig ein tiefergehendes Verständnis der nationalen Besonderheiten zu erreichen.

6. Eine weitere Forderung an die Fortbildung betrifft die länderübergreifende Information über Gegenwartsprobleme. Wir werden z.B. Fragen des Umweltschutzes, der Gleichberechtigung, der Migration und nicht zuletzt der europäischen Integration in anderen europäischen Ländern gesehen? Welche Bilder übermitteln diesbezüglich die Medien? Von großem Nutzen wären auch Fortbildungsprogramme zur europäischen Geschichte und Geschichtsdidaktik. Nach wie vor überwiegt die nationale Geschichtsbetrachtung. Bisher gibt es ein einziges von europäi-

schen Historikern gemeinsam verfaßtes Geschichtsbuch für die Schule, das deutlich macht, wie unterschiedlich die historischen Ereignisse in den einzelnen Ländern bewertet werden und wie unterschiedlich sie in ihrer Bedeutung für die verschiedenen Länder sind.

Auch die Entstehung nationaler Vorurteile und der Umgang mit solchen Vorurteilen sollte Eingang in die Lehrerfortbildung finden -auch unter dem Gesichtspunkt Fremdenangst, Abgrenzung von Fremden. Hier kommen auch Denktraditionen zum Vorschein, die mit der Entstehung von Nationalstaaten in Europa zusammenhängen.

7. Mehrfach wurde in der Arbeitsgruppe darauf hingewiesen, daß die Einbeziehung der europäischen Dimension in den Unterricht die Öffnung der Schule erfordert und Fortbildungsveranstaltungen zu den didaktischen Prinzipien des fächerübergreifenden, situationsbezogenen und handlungsorientierten Lehrens und Lernens angeboten werden müssen.

Vor allem in Grenzgebieten sollte die Möglichkeit des außerschulischen Unterrichts in Form von grenzüberschreitenden Projekten wahrgenommen werden. Projektunterricht dieser Art ermöglicht unmittelbare Erfahrungen in der komplexen Lebenswirklichkeit mit ihren nationalen, sozialen, politischen oder wirtschaftlichen Aspekten und fördert das ganzheitliche Lernen und das Erkennen von Zusammenhängen, Interdependenzen und Wechselwirkungen. Dabei werden die herkömmlichen rezeptiven Lernformen durch aktive, entdeckende, selbstgesteuerte ergänzt. Lernsituationen dieser Art regen Selbstbeobachtung, Eigeninitiative und Kooperation an.

8. Wie eingangs erwähnt, hat die Arbeitsgruppe großen Wert darauf gelegt, die europäische Kultur immer wieder in den Kontext der Weltkulturen zu stellen.

Die Beschäftigung mit den Kulturen der Welt zeigt die Vielfalt menschlicher Möglichkeiten und relativiert den Anspruch der europäischen Kultur. Für die Lehrerfortbildung ergibt sich die Forderung, Erkenntnisse der vergleichenden Kulturwissenschaft aufzunehmen und das Wissen um die weltanschaulichen Grundlagen, die künstlerischen Ausdrucksformen und die Lebensordnungen der einzelnen Kulturen zu vertiefen.

Auch die vielfältigen Wechselwirkungen und gegenseitigen Befruchtungen in der Entwicklung der Kulturen sollten Gegenstand von Fortbildungsveranstaltungen sein. Die mannigfaltigen Anregungen, die die europäische Kultur etwa aus dem arabischen, asiatischen oder - in der bildenden Kunst - auch aus dem afrikanischen Kulturkreis empfangen hat, sollten als fächerübergreifendes Anliegen ebenso in die Fortbildung aufgenommen werden wie die weltweite Verbreitung europäischen Denkens und europäischer Lebensart. Auf eine Problematisierung europäischer Werte, z. B. die starke Betonung des Freiheitsbegriffs und der Individualität, sollte dabei nicht verzichtet werden.

Bericht der Arbeitsgruppe 4 - Kulturelle Bildung
Ursula Blömeke
Europa und Jugend e.V., Bonn

Der vorliegende Bericht der Arbeitsgruppe folgt nicht strikt dem Ablauf der Diskussionen innerhalb der Arbeitsgruppe, sondern bemüht sich um eine stringente Zuordnung und Darstellung der Diskussionsergebnisse. Nachdem nämlich zunächst von einer konkret-praktischen Fragestellung ausgegangen wurde, erwies es sich schnell als nötig, sich über für das Tagungsthema relevante grundsätzliche Begriffe zu verständigen, um schließlich zur mehr praxisorientierten Erarbeitung von Forderungen für die Einbeziehung der europäischen Dimension in den Schulunterricht sowie in die Lehreraus- und -fortbildung zurückzukehren.

Innerhalb der Arbeitsgruppe galt es als selbstverständlich, daß nicht das "EG-Europa" behandelt wurde, da die Frage, über welches Europa man sich verständigen solle, gar nicht gestellt und diskutiert wurde. Dies resultierte sicher aus der Zusammensetzung der Arbeitsgruppe mit Mitgliedern aus allen Teilen Europas (im einzelnen kamen die Teilnehmer aus Deutschland, Finnland, Griechenland, Portugal, Norwegen, der Türkei, Ungarn und dem Vereinigten Königreich).

Bei einer Diskussion über die Möglichkeiten der Verstärkung europäischer Aspekte in der Lehreraus- und -fortbildung wird notwendigerweise immer wieder ein Bezug zu dem, was im Schulunterricht selbst geschieht oder geschehen soll, hergestellt. Da sowohl Schule und Unterricht als auch Lehreraus- und -fortbildung nicht in einem "luftleeren Raum" schweben, sondern auch hier gesellschaftliche Rahmenbedingungen wirksam werden, gilt es, diese prägenden Gegebenheiten in die Überlegungen miteinzubeziehen. Ebenso wichtig erscheint eine konkretere Klärung bezüglich des Inhalts der Lernziele im Zusammenhang mit der europäischen Dimension im Unterricht, wobei sowohl kognitiven wie auch affektiven Elementen Rechnung getragen werden muß.

Der Begriff des "Fremdverstehens", im Referat von Frau Dumrese "Die europäische Dimension in Unterricht und Erziehung - eine Herausforderung für die kulturelle Bildung" als wichtiges Lernziel gefordert, wurde in der Arbeitsgruppe dahingehend modifiziert, daß Eigenverstehen und Wissen um die eigene Identität wesentliche Voraussetzungen für Fremdverstehen sind. Es geht also hier um den weiter greifenden Begriff des "Verstehens", der in Erziehung und Bildung von grundlegender Bedeutung ist.

Der Begriff der "Identität" blieb kontrovers. Die Meinungen reichten von der Aussage, daß es für jeden Menschen wichtig sei, Stolz auf die eigene Nation empfinden zu können, bis hin zu der, daß eine Betonung der nationalen Identität überhaupt keine Rolle spielen sollte. Einig war man sich darin, daß bei Schülern und Lehrern Prozesse in Gang gesetzt werden müßten, die Voraussetzung für gegenseitiges Verstehen (nicht nur im sprachlichen Sinne) fördern.

Daraus folgt, daß ein Lehrer als Erzieher und nicht "nur" als Fachvermittler tätig werden muß. In diesem Zusammenhang wird Bezug genommen auf die fünf Thesen, die im Eröffnungsstatement zu dieser Fachtagung von Herrn Kästner aufgestellt wurden und die deutlich machen, daß es in einem guten Unterricht über Europa darum geht, nicht nur etwas über einen gegebenen Unterrichtsgegenstand zu vermitteln, sondern auch zu etwas zu erziehen. Dabei sind Grundwerte wie die Respektierung der Menschenrechte, Demokratie, Toleranz und weitere die Referenzgrößen, die Europäern (aber nicht nur ihnen) gemeinsam sind.

Von Vertretern verschiedener Lehrerfortbildungsinstitutionen in Deutschland wird berichtet, daß die Nachfrage nach Teilnahmemöglichkeiten an Veranstaltungen, die "Europa" thematisieren, in letzter Zeit erheblich zurückgegangen ist. In Sachsen, wo bis vor kurzem ein Austausch zwischen deutschen und polnischen Schülern gut funktionierte, ist mittlerweile das Interesse an deutsch-polnischen Begegnungen drastisch gesunken, stattdessen findet nunmehr ein deutsch-französischer Schüleraustausch statt. Zwar läßt sich dies dadurch erklären, daß den ostdeutschen Schülern zum ersten Mal die Gelegenheit gegeben wurde, mit Schülern eines westeuropäischen Landes Begegnungen zu pflegen. Doch kann eine solche Verlagerung der Aktivitäten zuungunsten der Beziehungen mit dem direkten Nachbarn in keinem Falle gewünscht sein. Angeregt wurde hier, einen deutsch-polnisch-französischen Austausch ins Leben zu rufen.

Resultierend aus der Unzufriedenheit mit den geschilderten Entwicklungen bei Lehrern und Schülern wird die Notwendigkeit einer (erneuten) Motivierung von Lehrern und Schülern für europäische Themen deutlich. Die Fragen, welche Themen nicht nur in der Lehrerfortbildung, sondern auch in der Schule selbst zu behandeln sind und was der Begriff der europäischen Dimension überhaupt beinhaltet, sind in diesem Zusammenhang von entscheidender Bedeutung.

Europäische kulturelle Bildung muß die kulturelle Vielfalt in Europa meinen, so wie sie etwa von der Arbeitsgruppe zur kulturellen Bildung bei der Fachtagung zur europäischen Dimension in Unterricht und Erziehung in Mainz 1990 beschrieben wurde[1].

Europäische Bezüge lassen sich im einzelnen in allen Schulfächern (z.B. alte und moderne Sprachen, Literatur, Geschichte, Politik/Sozialkunde oder entsprechende Fächer, Sport, Musik, Kunst, Hauswirtschaft/Ernährung usw.) finden, aufzeigen, und sie sind zu thematisieren. Der Einführung eines neuen Faches, etwa "Europakunde" ("European studies") bedarf es nicht, dies nicht zuletzt aus praktischen Erwägungen (Stundentafel!). Bedeutung wird auch der Idee der Erstellung von fachübergreifenden Lehrplänen zur interkulturellen Zusammenarbeit beigemessen. Dabei soll Europa in seiner Vielfalt den (naheliegenden) Bezugspunkt bilden, aber keinesfalls den Blick über die Grenzen Europas hinaus verstellen. Ein möglicherweise sich ergebender Eurozentrismus und als dessen Konsequenz eine Abschottung gegenüber allem Außereuropäischen, besonders gegenüber der sog. "Dritten Welt" darf keinesfalls die Folge sein. Eine plakative oder sogar propagandistische Art einer "Pro-Europa-Darstellung" wird im übrigen besonders von den Teilnehmern aus den Nicht-EG-Staaten zurückgewiesen, da dies in den entsprechenden Ländern auf politischen Widerstand stoßen kann.

Damit es den Lehrern möglich wird, in den einzelnen Schulfächern die europäischen Bezüge aufzeigen zu können, bedarf es entsprechender Maßnahmen in der Lehreraus- und -fortbildung; d.h. die Vermittlung europäischer Bezüge in den jeweiligen Schulfächern muß in der Lehreraus- und -fortbildung tatsächlich einen wichtigen Stellenwert erhalten, ebenso wie die Vermittlung sozialpsychologischer Erkenntnisse im Bereich der multikulturellen Bildung und der Vorurteilsforschung.

Als Beispiel dafür, welche praktischen Gegebenheiten in der Lehreraus-und -fortbildung in den in der Arbeitsgruppe vertretenen Ländern bereits existieren, wurde über die Ausbildung von Fremdsprachenlehrern diskutiert. Die Fragestellung bezog sich darauf, welche Maßnahmen in den verschiedenen Ländern getroffen werden, um die Fremdsprachenausbildung mit der europäischen Dimension zu koppeln.

In den einzelnen Ländern gibt es z.B. unterschiedliche Regelungen dazu, ob ein Aufenthalt von künftigen Fremdsprachenlehrern in dem Land, dessen Sprache gelernt wird, gefördert wird oder sogar obligatorisch ist. Letzteres ist allein im Vereinigten Königreich der Fall, in den meisten anderen Ländern wird ein solcher Auslandsaufenthalt lediglich empfohlen. Für viele Studenten/Lehramtskandidaten ist ein Auslandsaufenthalt nur unter großen Schwierigkeiten finanzierbar. Deshalb wurde als eine schnell realisierbare Forderung formuliert, daß Austauschmaßnahmen zunächst in Grenzregionen erheblich zu verstärken sind.

Dabei ist es von größter Wichtigkeit, daß die im Ausland erworbenen Erfahrungen nicht nur hinsichtlich des Fremdsprachenlernens selbst sondern auch hinsichtlich landeskundlicher Aspekte reflektiert und dann weitergegeben werden. Auch die Erfahrungen, die an bilingualen Schulen oder Schulen mit bilingualen Zügen bereits gemacht wurden, müssen weitere Verbreitung und Vertiefung finden.

Außerdem bietet es sich an, daß in den Ländern, in denen ein großes Potential an Bilingualität auch bei Schülern (Stichwort: Gastarbeiterkinder) vorhanden ist, dieses verstärkt im Unterricht fruchtbar gemacht wird. Dieses Potential wird an vielen Stellen bei weitem nicht genügend genutzt.

Fremdsprachenlernen allein oder ein Auslandsaufenthalt von Lehramtskandidaten in einem anderen Land reichen aber als Maßnahmen keinesfalls aus, um später dann eine wirklich europäische Dimension in den Unterricht zu integrieren. Kulturelle Bildung, die eine europäische Dimension einschließt, reicht weiter als "reine" Fachvermittlung und das Wahrnehmen von Austauschmaßnahmen zum Zwecke des Fremdsprachenerwerbs, die beide für sich unbestritten wichtig sind. Die Einbeziehung der Aspekte der kulturellen Vielfalt in Europa in alle Schulfächer, verbunden mit der Reflektion über bereits vorhandene Erfahrungen und das Nutzbarmachen dieser Erkenntnisse in der Lehreraus- und -fortbildung sind die Voraussetzungen, um eine europäische Dimension faßbar zu machen und in den Schulunterricht selbst zu integrieren.

Auch wenn Schule bereits in einigen Bereichen einen guten Beitrag zum europäischen Verständnis und Verstehen leistet, gilt es, die Bedeutung europäischer Aspekte im Unterricht offensichtlicher zu machen und vor allem die Bereitschaft und Motivation der Lehrer und Lehrerausbilder, die europäische Komponente in ihrem Handeln zu berücksichtigen, wesentlich zu verstärken.

Die Tabelle (Schaubild 2 im Anhang) stellt die Forderungen dar, die sich aus der Sicht der Arbeitsgruppe in diesen Zusammenhängen ergeben.

---

1. Vgl. Die europäische Dimension in Unterricht und Erziehung - Zur Erschließung empfohlen, zur Erschließung angenommen? - Tagungsbericht - Hrsg.: Zentrum für Europäische Bildung, Bonn, 1990, S. 87 ff.

Resumée - Schlußbetrachtung
Bernd Janssen
Zentrum für Europäische Bildung, Bonn

Liebe Kolleginnen und Kollegen,
Sie sehen, daß ich immer noch mit Integrationsprozessen befaßt bin. Ich versuche noch, die Berichte aus den Arbeitsgruppen in eine Schlußbetrachtung, in ein Resumée zu integrieren. Ich versuche weiter, die Beiträge der Aussprache zu den Berichten noch mit aufzugreifen und möchte einige zusammenfassende, aber keineswegs abschließende Bemerkungen machen, denn es ist sicherlich illusorisch, eine Diskussion abschließend zu betrachten, die seit Jahrzehnten im Gange ist und die noch einige Jahrzehnte in Gang bleiben wird: Die Diskussion um die Europäische Dimension, um die Europäische Einigung, und was Bildung damit zu tun hat oder nicht.

Die Tagung: Thema - Teilnehmer - Dauer

Diese zweite Fachtagung des Zentrums für Europäische Bildung hatte das Thema "Die europäische Dimension in Unterricht und Erziehung - Umsetzung in der Lehrerfortbildung". Vorgesehen war, daß die allgemeine Bestandsaufnahme der ersten Fachtagung in Mainz, Mai 1990, aufgegriffen und konkretisiert werden sollte. Zwischen Mainz und Ludwigsfelde 1992 gewann das Europa dann allerdings eine völlig neue Dimension durch die Auflösung des eisernen Vorhangs und zum erstenmal wurde es möglich, die Diskussion um das Europathema im Unterricht gemeinsam mit Kollegen nicht nur aus den west-, sondern auch aus den ost- und mitteleuropäischen Ländern zu führen. So sind wir jetzt hier zusammen 100 Teilnehmer aus 17 Ländern. Klar ist dabei, daß wir durch diese Ausweitung zum einen unseren Kollegen aus den nichtdeutschen Ländern einiges zugemutet haben, indem wir diese Tagung als deutschsprachige Tagung ausgeschrieben haben. Wir haben sie sehr strapaziert und in Anspruch genommen und ich bewundere sie dafür, in welcher Intensität und mit welcher Qualität Sie diese Diskussion mitgemacht haben. Das hat mich sehr ermutigt. Offensichtlich ist es nicht so, daß wir protokollarisch mit der Sprache umgehen müssen, sondern kommunikativ.

Zum anderen aber hat sich der Schwerpunkt der Thematik verlagert von der konkreteren Frage der Umsetzung in der Lehrerfortbildung zu den grundsätzlicheren der europäischen Dimension in Unterricht und Erziehung. Aus der neuen Situation heraus war die Bestandsaufnahme einmal mehr und von neuem zu leisten und dann, soweit dies noch möglich war, ihre Bearbeitung in der Lehrerfortbildung.

Ebenso natürlich wie die Entwicklung der Thematik ist die Feststellung richtig, daß zwei Tage viel zu kurz sind, um auch nur zu Zwischenergebnissen zu kommen. Sie reichen gerade, um die Fragen aufzuwerfen, erste Vorschläge vorzulegen und mit dem sicheren Gefühl aufzuhören, daß man jetzt eigentlich erst richtig anfangen müßte.

Eines der Ergebnisse der Tagung folgt dieser Einsicht durchaus konsequent: etliche Kollegen aus den verschiedenen Ländern fassen ähnliche Tagungen ins Auge. Das wäre ein sehr positiver Effekt dieser Tagung und ich wäre glücklich über ein solches Ergebnis, wenn nicht nur wir, das Zentrum für Europäische Bildung, hier in der Bundesrepublik Deutschland unsere Fachtagungen weiter fortsetzten.

Dabei scheint mir ein Gedanke wichtig, der in den Berichten immer wieder angesprochen wurde: Wir sollten bei diesen Fachtagungen darauf achten, daß wir einen harten Kern von Kollegen aus den verschiedenen Ländern haben, die mehrfach an diesen Tagungen teilnehmen, die in einer ganzen Serie über zwei, drei Jahre hinweg sich über diese Thema austauschen. Dann werden wir tatsächlich wieder einen hinreichenden gemeinsamen Diskussionsstand bekommen, und müssen nicht mehr bei jeder Tagung wieder zuerst einmal, was sonst ganz natürlich, ganz selbstverständlich ist, die Grundfragendiskussion "Was ist denn die Europäische Dimension im Bildungswesen?" aufgreifen. Darüber haben wir uns dann schon einmal verständigt und können dann tatsächlich ausdifferenziertere Themen wie die Praxis der Lehrerfortbildung intensiv angehen.

Hinzu kommt bei dieser kontinuierlichen Diskussion im Rahmen eines - hinreichend großen - harten Kerns, daß wir im Kreise dieser Kollegen ein (informelles) Netzwerk bekommen, wie es z.B. mit den Nationalkomitees von "Europa in der Schule", die ja bei den Einladungen zu dieser Tagung mit beteiligt waren, schon besteht: Wenn wir Fragen haben zu diesem oder jenem in diesem oder jenem Land, greifen wir zum Telefon, sprechen, wenn die Verbindungen gerade mal klappen, unseren Kollegen und Mitteilnehmer aus den Tagungen an und können Dinge sehr schnell, sehr flüssig bewegen. Dem widerspricht eine Tendenz bei den Förderungsgebern, die sagen "das sind ja immer dieselben, die machen einen Reiseklub auf", doch mir scheint bei der Wahl zwischen dem Konzept, möglichst viele und damit jedesmal andere zu erreichen oder weniger, die dann aber vertieft, das letztere der richtigere Weg zu sein.

Der Inhalt "Europa"

In den Berichten aus den Arbeitsgruppen wurde immer wieder aufgegriffen, daß es sich bei dem Thema "Europa" - durchwegs und unwidersprochen verstanden als Prozeß der europäischen Einigung - um eine - vielleicht sogar zu ? - komplexe Materie handele.
In all meinen Erfahrungen mit Lehrerseminaren, mit Lehrertagungen habe ich die Beobachtung gemacht, daß die Tendenz besteht, nicht die Inhalte zu diskutieren sondern die Methoden, die Didaktiken. Die Inhalte, habe ich oft genug das Gefühl, sind fast austauschbar. Ich könnte also beim Inhalt mit Versatzstücken a,b,c, agieren und dann, "nicht Zutreffendes bitte streichen", kann ich fast beliebig einsetzen: Verkehrserziehung, Europäische Dimension, Wetterkunde etc. Von daher glaube ich, ist es ganz wichtig, insbesondere weil es sich bei "Europa" um ein sehr komplexes und schwieriges Thema handelt, daß wir uns der inhaltlichen Auseinandersetzung auf rationaler diskursiver Basis stellen und nicht nur dann den Problemen nachgehen, wenn sie sich aus emotionalen Befindlichkeiten bei Diskussionen in Arbeitsgruppen artikulieren, z. B. bei pro und contra EG, Europa-Propaganda ja oder nein.

Hierfür hat uns die Einführung zum Lernbereich politische Bildung klare und vermittelbare Hilfen gebracht:
Die europäische Einigung, aus dem drängenden Bedürfnis der Friedenssicherung heraus - und mit ihr als Ziel - auf den Weg gebracht, dient der Sicherung der - in Europa erstmals artikulierten - Grundwerte und -rechte

sowie der Hebung der allgemeinen Wohlfahrt. Ihre Basis ist ein staatenübergreifendes Rechtssystem und ein System zunehmender Verflechtungen über die Staatsgrenzen hinweg. Je erfolgreicher dieser Prozeß wird, desto größer wird die Verantwortung "Europas" für die unmittelbaren Nachbarn und für die Entwicklungen in der Welt. Dabei sind wir uns alle darüber einig, daß Europa nicht die EG ist und daß Europa nicht der Nabel der Welt, insbesondere nicht der Nabel der Nabelschau in dieser Welt sein kann und sein darf. Dies paßt dann auch in ein didaktisches Konzept der Verknüpfung der europäischen Ebene mit allen übrigen Ebenen der Wirklichkeit, in der wir leben. Das ist die individuelle Wirklichkeit so gut wie die lokale, wie die regionale, die nationale, die europäische, die globale.

Und wenn wir über Problemorientierung als didaktisches Prinzip des "Europaunterrichts" reden, dann können das Beispiel der Arbeitsgruppe: Müllexport, Müllentsorgung nehmen. Dieses Problem fängt auf der individuellen Ebene an: Wieviel Müll mache ich persönlich? Ein sehr beliebtes Schulprojekt in Primarschulen zum Beispiel. Wo wandert dieser Müll hin, wo landet er? In der kommunalen Müllentsorgung, die regional geregelt wird, für die es nationale Rahmen gibt und wenn der ganze Dreck dann auch noch über die Grenzen wandert, haben wir das europäische Problem und es wandert ja nicht nur über die Grenze in das Nachbarland in Europa sondern es wird qua Müllexport u.U. dann auch noch in Länder der dritten Welt exportiert. Diese Verknüpfung von der individuellen bis hin zur globalen Ebene, die an den Problemen einzeln nachvollziehbar zu machen ist, vermeidet die Gefahr des Eurozentrismus, die ich auch sehe.

Ein zweiter Punkt, den ich aufgreifen möchte, ist die Frage der Propaganda, die Inanspruchnahme der Schule, der Bildung für die Herstellung von Loyalitäten. Das ist eine Kern- und Grundfrage der politischen Bildung überhaupt. Damit verwoben natürlich die Frage: affektive Bildung und/oder kognitive Bildung. Es ist ein heikles Kapitel und gerade wir, ich sage jetzt wir Deutschen, sind da sehr gebrannte Kinder und sind sehr scheu, uns auf einen simplen einfachen Europaenthusiasmus einzulassen, wie ich ihn sehe, beobachte und bewundere, ohne das auch nur im geringsten abzuwerten, wenn ich in Portugal Europaclubs an den Schulen selber erlebe, wo mit schöner Unbefangenheit und ohne jegliche Probleme dieser Enthusiasmus gepflegt wird.

Ich habe meine Probleme damit, für mich liegt die Begründung des Europathemas in der Schule - abgesehen von den amtlich vorhandenen Basisdokumenten, die ja für vieles als Begründung simpel ausreichen - darin, daß Schule die Aufgabe hat, Lebenswirklichkeiten an die Schüler zu vermitteln. Die Welt, in der die Schüler leben, in die sie hineinwachsen, in der sie arbeiten und ihr Leben gestalten müssen, ist Unterrichtsgegenstand. Ich kann sicher mit Fug und Recht, davon ausgehen, daß dieser Prozeß der europäischen Einigung, den uns Professor Hrbek glaube ich sehr präzise dargestellt hat, zumindest was den am weitesten entwickelten Teil davon angeht. Wenn diese Realität unmittelbare Auswirkungen auf jeden einzelnen von uns hat, Auswirkungen auf unser gesellschaftliches und privates Leben, dann ist es unausweichlich für die Schule, diese Realität den Schülern zu vermitteln. Wobei es zuerst einmal unter diesem Aspekt völlig belanglos ist, ob ich den Gegenstand, die Einigung, für gut oder falsch, für richtig oder schlecht, halte, zu unterstützen oder zu bekämpfen gedenke. Dies zu vermitteln, ist nicht meine Aufgabe, wenn ich das Europathema in die Bildung hineinbringe. Meine Aufgabe ist die Vermittlung von Realitäten als Ausgangspunkt. Und dann komme ich natürlich bei einer sorgfältigen politischen oder wie auch immer philosophischen grundwerteorientierten Analyse zu dem Ergebnis, und das hat auch die Diskussion dieser Tagung gezeigt, daß es zu diesem Einigungsprozeß keine reale Alternative gibt, die ernsthaft vertreten werden kann. Ich habe nirgendwo gehört, "wir müssen dieses entstandene Europa auflösen, wir müssen zurück in die Position der Nationalstaaten, wir müssen jede Verflechtung abbrechen, um nicht von unseren Nachbarn in irgendeiner Form abhängig zu werden". Diese Alternative existiert offensichtlich nicht.

Nach dieser Einsicht kann ich dann hingehen und fragen: Warum? Und dann kommt die Frage: Was bedeutet das denn für das Zusammenleben der Menschen in diesem sich einigenden Europa, welche Voraussetzungen müssen geschaffen werden? Damit öffnet sich dann der ganze Bereich um Verstehen und Verständigung, um Fremdsprachen und Fremdverstehen, um das "wir" und die "anderen", um Identitäten und Identifikation, kurz der

Bereich, den wir in dieser Tagung mit der Bezeichnung "kulturelle Bildung" bearbeitet haben. Aus den aktuellen Anlässen heraus bekam die Frage: "Wie gehe ich denn mit den Fremden um?", ihre besondere Bedeutung.

Wie eigentlich regelmäßig, kreiste die Diskussion um den Fremdsprachenunterricht, aber, und hier zitiere ich Frau Dumrese aus ihrem Einführungsreferat: "Wäre das alles, wäre es fatal". Selbstverständnis in nationaler Zuordnung, Fremdverständnis, Identitäten und ihre Auswirkungen in der heutigen Realität des sich einigenden - oder entzweienden - Europa sind so gesehen Gegenstand der europäischen Dimension als Herausforderung an die kulturelle Bildung, dieses Mosaik von Identitäten, die nach je unterschiedlichen Situationen unterschiedlich aktiviert werden. Es gibt ja nicht die eine monolithische Identität, mit der wir durch diese Welt gehen, sondern wir haben eine Fülle zum Teil sogar widersprechender Identitäten in uns, die wir je nach Handlungskontext gerade aktualisieren oder nicht.

Zur Europäischen Dimension im Unterricht will ich weiter gar nichts sagen. Die Diskussion war lang und breit, aber Herr Renner hat schon darauf hingewiesen: Bitte lesen Sie alle, die dies noch nicht getan haben, die Dokumente, die wir Ihnen als Tagungsunterlagen zugeschickt haben, da steht das nämlich drin. Da können Sie sehr explizit in klaren Worten nachlesen, was gemeinsamer Diskussionsstand ist, was Europäische Dimension in der Bildung im Konsens aller Unterrichtsministerien sein soll. Die Wiener Resolution der Erziehungsminister des Europarates ist von den mittel- und osteuropäischen Erziehungsministern mit unterschrieben und der Kultusministerkonferenzbeschluß zu Europa im Unterricht ist der erste Beschluß der Kultusministerkonferenz, der von allen 16 Kultusministern in der Bundesrepublik Deutschland unterschrieben worden ist. Das heißt also, die Kultusminister der neuen Bundesländer haben mit Europa ihre Kultusministerkonferenz-Karriere begonnen. Das empfinde ich als ein gutes Symbol.

Zur Lehrerfortbildung habe ich sehr bedauert, daß die praktischen Ansätze in der Lehrerfortbildung, die es ja gibt, in der Diskussion nicht so zum Tragen kommen konnten, weil eben die Grundfragen, die politische Frage der Europäischen Einigung und die didaktische Frage der Europäischen

Dimension, sich so sehr in den Vordergrund stellten und zuerst einmal abgearbeitet werden mußten, bevor man sich dem hingeben konnte, wie dies denn in der Lehrerfortbildung umzusetzen sei. Ich ziehe neben vielen anderen Beispielen Ihre Aufmerksamkeit nun noch einmal auf das Soester Modell aus Nordrhein-Westfalen, das nämlich im Grunde noch einen Schritt weiter geht. Es befaßt sich ja zuerst einmal mit der Fortbildung der Fortbildner. Denn die Frage stellt sich natürlich im Grunde in einem unendlichen Rekurs: Wer bildet denn die Lehrerfortbilder fort? Und erst wenn die ausgebildet sind, können sie die Lehrer fortbilden. Das Moderatorensystem, das in Soest entwickelt worden ist und in das eben jetzt das Europathema auch mit eingebracht worden ist, ist außerordentlich empfehlenswert, weil es ein sehr logisches und konsequentes Modell ist.

Die Zeit war zu knapp, wie so oft. Darunter litten wohl auch die Fülle der Anregungen und Umsetzungen in der Ausstellung. Die Ausstellung hätte mehr hergeben können.

Wir haben Ihnen Möglichkeiten angeboten. Sie haben daraus das gemacht, was Ihnen in Ihrer Situation hier und jetzt angemessen erschien. Meine Hoffnung und - fast sichere - Vermutung ist, daß Sie für sich und für die Fortsetzung Ihrer Arbeit Anknüpfungspunkte, Gedanken, Überlegungen entdeckt haben, und daß Sie dort weitermachen, wo wir hier aufgehört haben.

Zu guter Letzt bleibt mir der Dank an Sie, Frau Fuhrmann, und bitte richten Sie unseren Dank auch den übrigen den Mitarbeitern des Hauses aus, die, ich habe das ja so ein klein wenig aus der Vorbereitungsphase mitbekommen, sich außerordentlich stark engagiert und sich identifiziert haben mit dieser Tagung. Herzlichen Dank an die Kollegen. Mein Dank natürlich auch an die Mitwirkenden, Berichterstatter, Arbeitsgruppenleiter. Ich habe die Zusammenarbeit als problemlos und verständnisvoll empfunden und freue mich, vielen von Ihnen bei der nächsten Fachtagung hier in Deutschland oder in einem anderen europäischen Land wieder zu begegnen.

Liste der Teilnehmer

Isabel ARNEDO
Caritasverband für Hamburg e.V., Hamburg (D)

Hans BÄSSLER, Studiendirektor
IPTS-Seminar für Gymnasien, Lübeck (D)

Karl-Heinz BECK
Hessisches Kultusministerium, Wiesbaden (D)

Dr. Rosemarie BECK
Pädagogisches Landesinstitut Brandenburg, Ludwigsfelde (D)

Hannes BEECKEN
Behörde für Schule, Jugend und Berufsbildung Hamburg, Hamburg (D)

Dr. Zoja BELICOVA
ORS a PGS (Institut für Schulentwicklung und postgraduierte Studien bei der Pädagogischen Fakultät der Karlsuniversität), Praha (CS)

Frank BIEWENDT
Thüringer Institut für Lehrerfort- und -weiterbildung, Arnstadt (D)

MD Karin BJERKE
Bredtvedt vdg. skole, Oslo (N)

Ulrich BLASCZYK
Landesinstitut für Schule und Weiterbildung, Soest (D)

Ursula BLÖMEKE
Europa und Jugend e.V., Bonn (D)

Otfried BÖRNER
Institut für Lehrerfortbildung - Fortbildungsbereich Sprachen, Hamburg (D)

Dr. Werner BOPPEL, Ministerialdirigent
Bundesministerium für Bildung und Wissenschaft, Bonn (D)

Marie-Rose BRULS-FAYMONVILLE
Robert-Schuman-Institut in Eupen, Eynatten (B)

Dr. Hans-Peter BURMEISTER
Evangelische Akademie Loccum, Rehburg-Loccum (D)

Dr. Margit COLDITZ
Landesinstitut für Lehrerfort- und -weiterbildung, Halle/Saale (D)

Richard COSSMANN
Hessisches Institut für Lehrerfortbildung, Wetzlar (D)

Paul CREMER-ANDRESEN
Institut für Lehrerfortbildung, Hamburg (D)

Bjarne T. DAHL
National Secretariat for Primary and Lower Secondary Education, Oslo (N)

Dr. Hans DOHM, Direktor
Landesinstitut Schleswig-Holstein für Praxis und Theorie der Schule,
Kronshagen (D)

Ulrich DOVERMANN
Bundeszentrale für politische Bildung, Bonn (D)

Dr. Götz DOYÉ
Comenius-Institut - Arbeitsstelle Berlin, Berlin (D)

Luise DUMRESE
Kultusministerium des Landes Mecklenburg-Vorpommern, Schwerin (D)

Hans-Joachim DUMRESE, Regierungsdirektor
Kommission der Europäischen Gemeinschaften, TFHR, Brüssel (B)

Hartmut EBKE, Oberstudiendirektor
Albert-Einstein-Gymnasium, Reutlingen (D)

Dr. Kurt FACKINER, Direktor
Hessisches Institut f. Lehrerfortbildung, Hauptst. Reinhardswaldschule,
Fuldatal (D)

Ilona FELD-KNAPP
Elte Trefort Gymnasium, Budapest (H)

Peter FISCHER, Studiendirektor
IPTS-Seminar für Gymnasien, Elmshorn (D)

Dr. Edith FLEISCHMANN
Europa-Haus Leipzig, Leipzig (D)

Albrecht FREDE
Niedersächsisches Landesinstitut für Lehrerfort- und -weiterbildung,
Hildesheim (D)

Prof. Dr. Elisabeth FUHRMANN
Pädagogisches Landesinstitut Brandenburg, Ludwigsfelde (D)

Dieter GROSS
Verband Deutscher Schulgeographen e.V. LV Berlin, Berlin (D)

Christiane HACH
Danmarks Laererhojskole/Odense Seminarium, Odense (DK)

Michael HANNICH
Bundeselternrat, Landeselternrat Sachsen, Hamburg (D)

Dr. Gerd HARMS, Staatssekretär
Ministerium für Bildung, Jugend und Sport des Landes Brandenburg, Potsdam (D)

Georges HECK, Inspektor
Pädagogische Hochschule Eupen, Eupen (Kottenie) (B)

Helga HINKE, Ministerialrätin
Bayerisches Staatsministerium für Unterricht, Kultus, Wissenschaft und Kunst, München (D)

Hans-Peter HOCHSTÄTTER
Ministerium für Bildung, Jugend und Sport, Potsdam (D)

Prof. Dr. Rudolf HRBEK
Institut für Politikwissenschaft Universität Tübingen, Tübingen (D)

Hans ISOP, Abteilungsleiter
Pädagogisches Institut des Bundes in Kärnten, Klagenfurt (A)

Bernd JANSSEN
Zentrum für Europäische Bildung, Bonn (D)

Cathy JOHN
Education Department Chichester, West Sussex (GB)

Ulrike JÜRGENS
Westermann Schulbuchverlag GmbH, Braunschweig (D)

Harald KÄSTNER, Oberstudiendirektor
Sekretariat der Ständigen Konferenz der Kultusminister der Länder in der Bundesrepublik Deutschland, Bonn (D)

Ahmet KARAMERCAN
Cankaya Anadolu Lisesi, Aydinhkevler Ankara (TR)

Nikolaus KIRCHER
Zentralstelle Bildung der Deutschen Bischofskonferenz, Bonn (D)

Adam-Janusz KONSTANTY, Vice-Directeur
Collège de Formation des Enseignants, Szczytno (PL)

Hans LAMMERS
Dänemarks Hochschule für Lehrerfortbildung, Abt. für Deutsch, Kopenhagen (DK)

Gillian LATHEY
Roehampton Institute of Higher Education, Digby Stuart College, London (GB)

Dr. Bernd LAUDENBACH
Wissenschaftliches Institut für Schulpraxis, Bremen (D)

Dr. Hanna-Renate LAURIEN, Präsidentin des Abgeordnetenhauses von Berlin,
Vorsitzende des Zentrums für Europäische Bildung, Bonn (D),

Till LIEBERZ-GROSS
Gewerkschaft Erziehung und Wissenschaft, Frankfurt a. Main (D)

Maria Manuela Pera LOURENÇO MARTINS
Queluz (P)

Wilve MÄNNA
Fortbildungszentrum Estland, Tallinn (EW)

Maria Aurora MARTINS
Escola Preparatória de Santo Tirso, Santo Tirso (P)

Dr. Silvia MATUSOVA, Director
Central Methodical Institute, Bratislava (CS)

Elke MOHR
Gesamtschule Storkow, Storkow/Mark (D)

Dr. MORITZ
Freie Universität Berlin (D)

Helmut NAGEL, Direktor
Staatliche Akademie für Lehrerfortbildung, Calw (D)

Alexander OHGKE
Akademie für Lehrerfortbildung, Dillingen an der Donau (D)

Dr. Natasa ONDRUSKOVA
Central Institute for Methodology, Bratislava (CS)

Helgi ORG
Fortbildungszentrum Estland, Tallinn (EW)

Ana PEREZ FIGUERAS, Jefa de Gabinete
Subdireccion General de Formacion del Profesorado, Madrid (E)

Jose PEREZ IRUELA, Asesor Tecnico
Subdirección General de Formación del Profesorado, Madrid (E)

Dr. Traute PETERSEN
Verband der Geschichtslehrer Deutschlands; Seminar für Gymnasien, IPTS, Elmshorn (D)

Albert PFAFF
Staatliche Akademie Donaueschingen, Donaueschingen (D)

Dr. Rüdiger PFROMM
Roman. Seminar d. Universität Bonn, Bonn (D)

Wilhelm QUANTE, Direktor
Wissenschaftliches Institut für Schulpraxis, Bremen (D)

Günter RENNER
Europäische Akademie Berlin, Berlin (D)

Wilfried ROEDER
Bundesarbeitskreis der Seminar- und Fachleiter e.V., Berlin (D)

Dr. Rolf SÄLTZER
Gymnasium Beeshow, Beeshow (D)

Asta SARJALA
National Board of Education, Helsinki (SF)

Thomas SCHÄFER
Staatsinstitut für Schulpädagogik und Bildungsforschung, München (D)

Ramona SCHARFF
Pädagogisches Landesinstitut Brandenburg, Ludwigsfelde (D)

Rolf SCHILLE
Bundesarbeitskreis der Seminar- und Fachleiter e.V., Berlin (D)

Ingrid SCHILLER
Grundschule "Altstadt", Storkow/Mark (D)

Bernd SCHLIEPHAKE
Senatsschulverwaltung Berlin - Lehrerfortbildung, Berlin (D)

Prof. Dr. Wolfgang SCHLIME
Freie Universität Berlin, Berlin (D)

Christel SCHMIDT
Grundschule "Altstadt", Storkow/Mark

Prof. Dr. Hans-Peter SCHMIDTKE
Universität Oldenburg, Oldenburg (D)

Dr. Otto SCHMUCK
Institut für Europäische Politik, Bonn (D)

Jos SCHNURER
Niedersächsisches Landesinstitut für Lehrerfort- und -weiterbildung, Hildesheim (D)

Stefan F. SCHORMANN
Pädagogisches Zentrum Berlin, Berlin (D)

Wilfried A. SCHULTZE
Verband Dt. Realschullehrer, 1. OR Steglitz, Berlin (D)

Uwe SCHWARZ
Zentrum für Europäische Bildung, Bonn (D)

Hildebrand SCHWERIN
Landesinstitut für Schule und Ausbildung Mecklenburg-Vorpommern, Schwerin (D)

Maria Antónia C.F.P.M. SIMOES
Escola secundária Gil Vicente, Lisboa (P)

Mikko SINISALO, Directeur
Universität Helsinki, Normalschule II, Institut für Lehrerausbildung, Helsinki (SF)

Georges SOTIRIOU
Technical Teachers College, Athen (GR)

Barbara STARCZEWSKA
Collège de Formation des Professeurs de Langues étrangères, Walbrzych (PL)

Dr. Jan SZELEPCSÉNYI
Central Institute for Methodology, Bratislava (CS)

Christiane TANK
Sächsisches Staatsinstitut für Bildung und Schulentwicklung, Dresden (D)

Abdülkadir TASTAN
Gagaloglu Anadolu Lisesi, Istanbul-Eminönü (TR)

Dr. Walter THOMAS
L.I.S.A. Schwerin, Schwerin (D)

Angelique TZIVRA-GRIGORAKIS, Professeur
Cholargos, Athen (GR)

Hans VAN DER HEIJDE
Noordelijke Hogeschool Leeuwarden (NHL), Leeuwarden (NL)

Peter VIRNICH, Oberstudiendirektor
Gustav-Heinemann-Schule, Mülheim/Ruhr (D)

Dr. Michael VORBECK
Europarat, Straßburg (F)

Erika WELLER
Staatliches Schulamt, Beeshow (D)

Esref YAVUZ, Schulamtsleiter
Kiz Meslek Lisesi, Lüleburgaz-Kirklareli (TR)

Janina Hanna ZIELINSKA, Directrice
Collège Universitaire de Formation des Professeurs de Français, Warschau (PL)

Dr. Werner ZIRNGAST, Sekretär
Landesschulrat für Steiermark, Graz (A)

Anhang: Schaubilder

FORDERUNGEN ZUR VERSTÄRKUNG DER EUROPÄISCHEN DIMENSION I

(Gesellschaftliche) Rahmenbedingungen	Schüler/Unterricht	
Verstärkung "authentischer" Landeskunde in den Medien (vor allem Fernsehen)	Aufarbeitung von V.	
	Verstärkte Einbeziehung von Landeskunde (bes. in der Sekundarstufe I)	
	Wahrnehmung europäischer Bezüge in allen Unterrichtsfächern	
Differenzierte Revision von Lehrplänen hinsichtlich der europäischen Dimension (für alle Fächer)		
Schaffung / weitere Förderung von Vernetzung von Schulen und Lehreraus- und -fortbildungsinstitutionen (Austausch von Personen und Material)	Rollenspiele via Telekommunikation (Strategien zur Konfliktlösung)	1 a
	Video- und Faxkommunikation zwischen Schulen mehrerer Länder	3 I
	Gemeinsames Verfassen von Schülerzeitschriften	
	Verstärkter Schüleraustausch, vor allem in grenznahen Regionen, Verknüpfung mit Schulen weiterer Länder	

UNTERRICHT UND DER LEHRERAUS- UND -FORTBILDUNG

ehrerausbildung	Lehrerfortbildung
urteilen (unter Einbeziehung von eig. Erfahrungen, Reflektion)	
führung / Verstärkung sozialpsychologi- r Grundausbildung r-/multikulturelle Bildung / urteilsforschung)	Sozialpsychologische Aus-/Weiterbildung (inter-/multikulturelle Bildung / Vorurteilsforschung)
Einbeziehung der reflektierten Erfahrungen von Lehrern, die an Auslandsschulen tätig waren	
	Erweiterung und Vertiefung von Fachkenntnissen unter dem Aspekt der europäischen Dimension
	Durchführung von Modellversuchen (Einbeziehung von bereits vorliegenden Erfahrungen in diesem Bereich)
eiterung und Vertiefung der Fachkenntse unter dem Aspekt der europäischen mension erbindliche Einbeziehung in die Prüfungsrdnungen der Universitäten!)	
jähriger Auslandsaufenthalt bei (allen) Lehrntsstudiengängen -5-monatiges Auslandsreferendariat bei allen ehramtsstudiengängen	Grenzübergreifende Lehrerfortbildung Gemeinsame Fortbildung für Lehrer, die an Botschaften / Auslandsvertretungen tätig sind, und Lehrer des betreffenden Gastlandes

FORTBILDUNGSDIDAKTISCHER ORIENTIERUNGSRAHM
PLANUNG, DURCHFÜHRUNG UND AUSW

1. BEZUGSFELDER DER L

1.1 Aktuelle und relevante Entwicklungen und Probleme in nationalen und internationalen Bereichen
1.2 Lebenswelt von Schule, Schülern, Lehrern und Eltern

1.3 Schülervorausset
1.4 Lehrervoraussetzu
1.5 Voraussetzungen ı
1.6 Unterrichtspraxis

7. FORTBILDUNGS

3. GEGENWARTS- UND ZUKUNFTSBEDEUTUNG, EXEMPLARIZITÄT

6. FORTBILDUNGSMATERIALIEN

→ **9. FÖRDERUNG VON KOMMUNIKATION UND KOOPERATION/D**

10. PLANUNG UND VORBEREITUNG
10.1 Erhebung und Klärung von Adressaten- bzw. Teilnehmervoraussetzungen
10.2 Klärung und Regelung organisatorischer und materieller Durchführungsbedingungen

11. ERÖFFNUNG
11.1 Information über das je spezifische Fortbildungsangebot: Ziele, Inhalte, Methoden, Materialien etc.
11.2 Erste Erhebung und Klärung von Teilnehmerinteressen: Ermittlung und Artikulation von Teilnehmerproblemen und -problemsichten – jeweils im Hinblick auf das Inhaltsspektrum der konkreten Fortbildungsangebote
11.3 Erste Problemdefinitionen und Zielvereinbarungen zum Arbeitsprozeß im Anschluß an das Fortbildungsangebot sowie an Interessen und Problemsichten von Teilnehmern

12. ERARBEITUNG
12.1 Darstellung, Formulierung, Präsentation ausgewählter Probleme, Situationen, Fragen- oder Themenkomplexe aus den jeweiligen Fortbildungsangeboten
12.2 Subjektive Wissensbestände, Erfahrungen und Deutungen der Teilnehmer im Hinblick auf die ausgewählten Probleme, Situationen, Fragen- und Themenkomplexe ermitteln und definieren
12.3 Ziele für den weiteren Arbeitsprozeß prüfen und konkretisieren
12.4 Neue Wissensbestände aus Theorie und Praxis zu den ausgewählten Problem- und Themenbereichen im Sinne exemplarischen Lernens aufarbeiten

← **9. FÖRDERUNG VON KOMMUNIKATION UND KOOPERATION/C**

8. ORGANISATIONSFORMEN V

8.1 Sequentielle Formen
8.2 Punktuelle Formen

8.3 Zentrale Fo
8.4 Regionale F

2. BEDINGUNGSFELDER DER LEHRERFORTBILDUNG: NORMATI

2.1 Inhaltliche Bedingungen
2.2 Organisatorische Bedingungen

2.3 Zeitliche Be
2.4 Finanzielle I

EN ZUR FORTBILDUNGSDIDAKTISCHEN ANALYSE;
ERTUNG VON LEHRERFORTBILDUNG

HRERFORTBILDUNG
gen   1.7 Erziehungs-, Sozial- und Fachwissenschaften
gen   1.7.1 Allgemeine Didaktik, Fachdidaktik und -methodik
den jeweiligen Schulen   1.7.2 Schul- und Bildungstheorien
                               1.7.3 Schule als soziale Organisation, Schul-
                                    entwicklung, Schulberatung

EVALUATION

URCHGÄNGIGE PROZESSREFLEXION UND -EVALUATION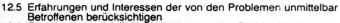

12.5 Erfahrungen und Interessen der von den Problemen unmittelbar Betroffenen berücksichtigen
12.6 Gegenwarts- und Zukunftsbedeutung der Problemlösung bzw. der Nicht-Lösung des Problems prüfen
12.7 Ermittlung und Bewertung existierender Lösungskonzepte und -modelle
12.8 Ggf. Entwicklung neuer problem- und situationsangemessener Lösungskonzepte und -modelle
12.9 Training von Fertigkeiten/Fähigkeiten zur Problemlösung sowie zur Realisierung von schul- und unterrichtsbezogenen Lösungskonzepten und -modellen
12.10 Umsetzung dieser Lösungskonzepte und -modelle in den je eigenen Praxisfeldern der Teilnehmer sowie Reflexion/Revision der einzelnen Realisierungsschritte und -ergebnisse

13. ABSCHLUSS
13.1 Ergebniszusammenfassung und -bewertung/summative Evaluation
13.2 Sicherung des Transfers/der Implementation von Fortbildungsergebnissen und -produkten in den je spezifischen Praxisfeldern der Teilnehmer
13.3 Planungen und Vereinbarungen zur Weiterarbeit im Schulalltag nach Abschluß der organisierten Fortbildung

4. FORTBILDUNGSZIELE UND FORTBILDUNGSINHALTE

5. FORTBILDUNGSMETHODEN

URCHGÄNGIGE PROZESSREFLEXION UND -EVALUATION

ON LEHRERFORTBILDUNG
men   8.5 Lokale Formen
ormen   8.6 Schulinterne Formen

VE, PERSONELLE UND MATERIELLE RAHMENBEDINGUNGEN
dingungen   2.5 Personelle Bedingungen
edingungen